AF368937

DÉLICES ROYALES

OU

LE JEU DES ÉCHECS

SON HISTOIRE, SES RÈGLES ET SA VALEUR MORALE

PAR ABEN-EZRA ET ABEN-YÉHIA, RABBINS DU XIIᵉ SIÈCLE

TRADUCTION DE L'HÉBREU

Par LÉON HOLLÆNDERSKI

Noirs

Blancs

PARIS

CHEZ B. CRÉHANGE | **CHEZ LE TRADUCTEUR**
9, RUE N.-D.-DE NAZARETH | 172, RUE DU FAUB.-S.-DENIS

1864

DÉLICES ROYALES

IMPRIMERIE DE JOUAUST ET FILS
RUE SAINT-HONORÉ, 338

DÉLICES ROYALES

OU

LE JEU DES ÉCHECS

SON HISTOIRE, SES RÈGLES ET SA VALEUR MORALE

Par ABEN-EZRA et ABEN-YÉ'HIA, rabbins du XIIᵉ siècle

TRADUCTION DE L'HÉBREU

Par LÉON HOLLÆNDERSKI

PARIS

CHEZ B. CRÉHANGE | **CHEZ LE TRADUCTEUR**

9, RUE N.-D.-DE NAZARETH | 172, RUE DU FAUB.-S.-DENIS

1864

A Monsieur ALBERT COHN,

A PARIS.

MONSIEUR,

Le livre des DÉLICES ROYALES, écrit en hébreu par nos illustres docteurs du moyen âge, donne des notions de morale et de science en même temps que les règles d'un jeu qui s'adresse spécialement à la plus haute classe de la société.

C'est à vous, Monsieur le Docteur, qui à tant d'autres vertus savez allier celles dont le jeu d'Échecs est l'emblème, que ce livre devait être dédié.

Veuillez donc, je vous prie, accepter la Dédicace de la traduction française que j'ai faite de cet ouvrage, approuvée par M. Ulmann, grand rabbin du Consistoire central de France.

Agréez, Monsieur le Docteur, l'assurance de mes sentiments entièrement dévoués.

L. HOLLÆNDERSKI.

Paris, le 6 avril 1864.

A Monsieur Hollœnderski, à Paris.

Monsieur,

J'ai lu votre traduction en langue française du livre intitulé : DÉLICES ROYALES *sur le jeu des Échecs*, par Abn–Ezra et Abn–Yé'hia. Ayant lu également le texte hébreu, je puis me rendre compte des difficultés que vous avez dû rencontrer, et j'admire d'autant plns votre travail, qui est une reproduction fidèle, claire et élégante du style de ces deux illustres rabbins du moyen âge.

Comme vous vous proposez de publier ce livre, original et traduction, je forme des vœux pour que le public fasse à votre travail l'accueil dû à des efforts ayant pour but de mettre en lumière le mérite de nos anciens maîtres, dont le talent a su s'exercer avec un égal succès sur toutes sortes de sujets. Les amateurs de littérature hébraïque surtout accueilleront avec reconnaissance la réimpression d'un texte fort curieux et devenu extrêmement rare. Cette reconnaissance, je la partage à un haut degré ; veuillez, Monsieur, en recevoir l'assurance, ainsi que celle de mes sentiments très-distingués.

S. ULMANN,

Grand Rabbin du Consistoire central.

Paris, le 11 novembre 1863.

PRÉFACE.

De tous les jeux où l'esprit seul a part, le plus compliqué, le plus savant, le plus fertile en combinaisons ingénieuses et en curieux problèmes est sans contredit le *Jeu des Échecs*. Aussi, à toutes les époques a-t-il été le jeu de prédilection des esprits sérieux et la récréation favorite de presque tous les grands hommes.

D'illustres savants, entre autres Leibnitz et Euler, ont eu recours aux mathématiques pour résoudre divers problèmes que ce jeu présente. Frappés de la beauté et de la variété de ses combinaisons, ils n'ont pas craint de lui donner le nom de science.

L'origine des échecs se perd dans la nuit des temps et a donné lieu à des opinions très-controversées. Beaucoup d'écrivains se sont occupés de cette question intéressante. Citons, en passant,

Lopez de Segura, Dominico Tarsia, Sarazin et Fréret, secrétaire de l'Académie française; ce dernier prononça, dans une séance extraordinaire à laquelle assistait Louis XV, un discours fort remarquable sur le jeu des échecs, que le roi avait beaucoup aimé dans sa jeunesse.

On avait cru d'abord qu'il fallait remonter au siége de Troie pour trouver l'origine de ce jeu, dont on attribuait l'invention à Palamède, l'un des chefs grecs qui contribuèrent à la ruine de la ville de Priam. D'autres assuraient que les échecs venaient des Romains. « Mais, dit avec raison Fréret dans son discours, les jeux des soldats (*trunculi*), des jetons (*calculi* et *scrupuli*), qu'ils prennent pour celui des échecs, n'ont aucune ressemblance avec ce jeu dans les choses qui en constituent l'essence et qui distinguent les échecs de tous les autres jeux de *dames*, de *marelles* et de *jetons*, avec lesquels ils le confondent. » « C'est en effet un point bien difficile à établir, dit l'auteur du livre que nous avons traduit, à cause de la grande antiquité de ce jeu. Mais j'ai sondé les secrets des vieux textes; j'ai compulsé des ouvrages latins et grecs, arabes et persans, et une foule d'autres appartenant à des nations qui ne sont pas des enfants d'Israël. J'ai réuni et placé sous les yeux du lecteur tout ce que disent ces livres, sans toujours être d'accord entre eux. »

Quoi qu'il en soit, il est avéré que les Indiens, les Chinois et d'autres peuples de l'Orient connaissaient les échecs déjà dans l'antiquité. Les romans de la *Table ronde* nous apprennent que les chevaliers du roi Arthur y jouaient fréquemment. Les douze pairs de France, les paladins de Charlemagne, faisaient de même. Les chroniqueurs qui ont parlé des Sarrasins les représentent comme très-habiles à ce jeu. La princesse Anne Comnène, dans la monographie de son père Alexis, empereur de Constantinople (douzième siècle), fait aussi mention des échecs, qu'elle nomme *latrichion*.

Le Talmud fait aussi mention de ce jeu dans le *Tract. kethouboth*, ainsi que son commentateur *Raschi*.

De nos jours, ce noble jeu est répandu dans la plus haute société. Les plus vastes intelligences, les esprits les plus éminents, les têtes couronnées même s'y exercent avec ardeur dans les rares moments de loisir que leur laissent le soin des affaires publiques et les graves préoccupations du gouvernement.

La connaissance des échecs est pour ainsi dire le complément d'une bonne éducation et une marque de haute instruction.

Des traités remarquables ont été publiés sur ce jeu intéressant en Angleterre, en France et en Allemagne. F. Alliey, dans sa *Bibliographie*, cite des passages de trois cent quatre-vingt-dix auteurs qui ont parlé des échecs dans leurs œuvres diverses. Il ajoute qu'à sa connaissance six cent onze ouvrages ont paru sur ce sujet en toutes sortes de langues (onze en hébreu) du douzième siècle jusqu'au dix-neuvième.

La faveur dont jouit aujourd'hui le jeu des échecs nous a engagé à traduire en français LES DÉLICES ROYALES, que nous offrons au public. Il ne nous appartient pas de vanter ici le style pur, élégant, éloquent même, de ce curieux ouvrage qui n'est guère connu que de quelques biblio- philes. Malheureusement nous ne pouvons nous flatter d'avoir fait passer dans notre langue la grâce et la poétique naïveté du texte. L'extrême concision de l'hébreu, la brièveté énergique de l'idiome biblique, sont autant d'écueils contre les- quels viennent se heurter les efforts et la bonne volonté du traducteur. Néanmoins rien n'a été épargné de notre part, car nous nous sommes attaché à rendre chaque phrase le plus fidèle- ment possible.

Dans le but d'éclaircir les passages les plus difficiles et les plus obscurs, nous avons ajouté çà et là des notes pour la rédaction desquelles nous n'avons ménagé ni les soins ni les recher- ches. Les hébraïsants pourront, grâce au texte original qui se trouve en regard de notre traduc- tion, apprécier la conscience que nous y avons apportée, et sauront nous rendre justice.

Afin de mettre le lecteur à même de voir combien peu de changements les règles du jeu des échecs ont subis depuis le douzième siècle, nous avons cru bien faire en complétant le volume par un aperçu succinct sur les règles dont on se sert actuellement.

Puisse ce modeste travail être accueilli avec quelque faveur; nous nous croirons largement payé de nos peines.

Le Traducteur.

LE JEU DES ÉCHECS.

I

Les Échecs, jeu royal, prennent leur origine
Dans les temps les plus reculés ;
On prétend que ce fut en Chine.

. . . .

Devant cet agrément de calculs rassemblés,
Le savant lui-même s'incline.

. . . .

Pour un seul résultat, que de moyens divers !...
Quel art ingénieux ! — Cartes et tapis verts,
Qu'êtes-vous près d'un jeu, noble par excellence,
Qui, loin de l'amoindrir, nourrit l'intelligence !

. . . .

Quel général a jamais vu,
Sur un champ dont la main mesurerait la taille,
Se livrer pareille bataille,
Triompher la science et surgir l'imprévu ?

II

Deux camps sont établis. — Comme dans une lice,
Président trois hérauts au double campement :

L'impartialité, l'honneur et la justice.

Entre chaque soldat et chaque régiment

Tout se vaut : discipline, instruction, vaillance ;

Et pour équilibrer cette sage balance,

Pour que, dans la mêlée, une fatale erreur

N'atteigne pas l'ami pris pour un adversaire,

Si le même uniforme a paru nécessaire,

On en a prudemment contrasté la couleur.

III

Noirs et blancs, voici donc les deux partis en face.

— Presque toujours on voit, pour commencer le feu,

Bondir un guerrier nain, plein d'une froide audace,

Que sa valeur signale, et sa taille fort peu :

C'est le *Pion*..... Messieurs, criez : « Vive la Ligne ! »

Jamais brave ne fut plus modeste, plus digne ;

Et pourtant l'action ne saurait se lier

Sans lui.... si l'on manquait du hardi cavalier.

. . . .

Le Pion marche droit, mais ses coups sont obliques.

A droite, à gauche, il frappe, et son pas ferme et lent

Pave l'échiquier de hauts faits magnifiques :

C'est le seul qui jamais ne tue en reculant.

A-t-il du camp rival dépassé la limite,

Il meurt, mais en héros. Ce trépas glorieux

Rachète un combattant, prisonnier d'élite :
Le sang de ce martyr est le plus précieux.

IV

Quand le cavalier, qui par des bonds procède,
Harcèle l'ennemi, ce dernier tremble et cède.
Par sa fougue implacable et par ses sauts nombreux
Il trouble les plus forts et les plus valeureux ;
Et, sans qu'il ait besoin de ruser ni de feindre,
Il tombe sur des points que nul ne peut atteindre.

V

— Salut au *Fou* charmant !... Jeune, actif et léger,
C'est un aide de camp moulé dans l'élégance.
Rieur, mais attentif, sur un signe il s'élance,
Et mérite son nom, qu'il ne faut pas changer,
Par des élans soudains qui raillent la distance.
Ce superbe officier, spirituel, niais,
Pour arriver plus tôt, fait sa course en biais.

VI

Maintenant, admirez ce vieux géant, cette arche...
C'est la *Tour*, un Titan, catapulte qui marche.
Sombre, majestueuse et calme en triomphant,
Elle emprunte parfois le dos d'un Éléphant.
Bélier tout-puissant, formidable baliste,

L'échiquier t'a mise en premier sur sa liste.
Tu vas vite au besoin, mais toujours carrément,
Ainsi que le doit faire un noble monument.

VII

Place!... Place!... Voici la *Reine!* — Sa puissance
A des titres plus grands que sa fière beauté.
Son cœur est au niveau de sa haute naissance,
Et son courage seul l'eût faite Majesté.
La Reine des échecs n'est pas cette maîtresse
D'un roi voluptueux alangui par l'amour;
Elle n'a de *Vanda* l'attrayante mollesse,
C'est *Jeanne*, conseillant, agissant tour à tour.
L'honneur rehausse encor son royal privilége;
Libre d'aller partout, de marcher en tous sens,
Tantôt elle combat, tantôt elle protége,
Et le recul se fait devant ses coups puissants.
Dédaigneuse d'abord, — dès que la charge sonne,
On voit sur tous les points sa brillante personne.
Qui jamais nous dira combien ce bras mignon
Renversa de guerriers sur la brûlante arène?
— Parfois même ce cri retentit : « Compagnon !
Sauve-toi! c'en est fait ! Prends garde!... c'est la Reine! »

VIII

Chapeau bas!... c'est le *Roi!* — Du haut de la grandeur

Qui retint autrefois un héros au rivage,
Le maître, d'un œil froid, contemple le carnage.
Impassible témoin de ruine et d'horreur,
Il demeure immobile, et, par inadvertance,
S'il se découvre un peu, le désastre commence.
Soldats, attention!... on attaque le Roi...
Sauvé!... grâce à la Tour ; car le voilà qui roque.
Le terme tout d'abord peut paraître baroque,
Mais le coup est utile et de fort bon aloi.
Mesurant la lenteur de sa marche imposante,
Le Roi ne fait qu'un pas, mais de chaque côté.
Malheur à l'imprudent qui vers lui se présente !
Il est bientôt puni de sa témérité.
La crainte, le respect qu'inspire à tous le maître
Le dérobent toujours aux embûches d'un traître ;
Et si par un péril on le voit menacé,
— « Échec au Roi ! » — ce cri protecteur est lancé.

. . . .

Chacun n'a, combattant de roture ou de marque,
Qu'un but, le seul du jeu, défendre le monarque :
Est-il pris?... est-il mat?... Le combat acharné
Se trouve par ce fait suspendu, terminé ;
Et le parti contraire, enivré de sa gloire,
Est maître du terrain conquis par la victoire.
— Notez que s'il n'avait, fort maladroitement
Et par l'effet d'un coup mal porté, ridicule,

Fait le Roi que *pat* seulement ,
La bataille , en ce cas , serait perdue ou nulle.

IX

O jeu qui charmes les loisirs
Des rois, des héros et du sage,
Source de vertueux plaisirs,
Laisse un poëte de passage
Conclure ainsi cet éloge impuissant :

. . . .

« Jamais tes fiers combats , image de nos guerres,
« N'ont rougi dans le sang des luttes meurtrières
« Ton champ de bataille innocent.... »

CHANT EN VERS

SUR LE JEU SHA'H-MAT (Échecs)

Par Rabbi ABEN-EZRA.

(Traduction littérale.)

Je chante dans mes vers une bataille en règle, dont l'idée remonte aux temps les plus reculés. Ce sont des hommes de sagesse et de science qui l'ont conçue et qui en ont donné le plan au moyen de huit rangées de cases divisées chacune en huit carrés placés les uns à côté des autres.

Deux camps sont en présence. Dans chacun d'eux le Roi prend place, pour diriger le combat qu'il va livrer à son ennemi.

Tous les guerriers se préparent à l'action; on les voit ou sortir dans la plaine, ou rentrer au camp. Mais dans leur marche ils ne brandissent pas leurs glaives, car c'est une lutte toute fictive.

Les guerriers se distinguent par des marques et des insignes particuliers. Quand on les voit fondre tumultueusement les uns sur les autres, on pense aux Éduméens et aux Cushéens.

Voilà les Cushéens qui lancent leurs cohortes dans la bataille, tandis que les fils d'Edom se portent bravement à la rencontre de leurs adversaires.

Ce sont les fantassins qui commencent la bataille dans la plaine. Le fantassin doit marcher droit devant lui, mais il peut se tourner de côté pour prendre son ennemi. Dans toute autre circonstance, il lui est interdit de changer de direction ou de rétrograder. Mais au début, il peut d'un seul bond franchir trois cases; et si, dans sa course, il dépasse les limites du camp ennemi et arrive jusqu'à la huitième rangée, il pourra comme *Pherz* (la Reine) circuler partout et combattre comme lui.

Et quand *Pherz* (la Reine) se met en marche, il s'avance dans celle des quatre directions qu'il lui plaît.

Puis, après lui, l'*Éléphant* (le Fou) sort du camp; il s'avance aux côtés de *Pherz* comme un dresseur d'embûches. Sa marche (quoique diagonale) est semblable à celle de *Pherz*, qui cependant a sur lui la préséance, puisque l'Éléphant n'occupe que la troisième place.

Dans cette guerre, le Cheval (Cavalier) a le pied très-léger, aussi il s'avance par une route sinueuse.

Ses mouvements sont tortueux, toujours irréguliers. Dans sa course, il ne peut dépasser trois cases.

Rou'h (la Tour) suit la ligne droite, toujours en plaine, soit en long, soit en large, et ne peut prendre les chemins obliques; sa marche n'est ni tortueuse ni irrégulière.

Le Roi marche pas à pas dans toutes les directions, pour porter secours à ses sujets. Mais il sait quand il doit se tenir à l'écart, comme lorsqu'il doit sortir pour combattre, ou se renfermer dans son camp. Si un ennemi s'avance contre lui et le prévient, alors il quitte sa place; et s'il y a danger, le Rou'h peut changer sa place contre celle de son maître (*roquer*).

Il y a des moments où le Roi doit fuir, et d'autres où il doit s'environner de ses troupes.

Les combattants s'attaquent dans leur fureur, ils cherchent tous à terrasser leurs adversaires; mais si les défenseurs des deux Rois sont tués (pris), c'est sans effusion de sang. Tantôt les Cushéens remportent la victoire et mettent en fuite les enfants d'Èdom; tantôt ce sont les Éduméens qui triomphent des Cushéens et de leur chef. Enfin le Roi tombe dans une embuscade et il est fait prisonnier, ne pouvant trouver une seule issue ou un seul refuge: privé de ses forteresses, il est au pouvoir de ses ennemis; isolé et ne pouvant trouver de libérateur, il est mis à mort, c'est-à-dire devient *mat*.

Avec le Roi périssent toutes ses troupes, qui ne peuvent ressusciter qu'avec le souverain : elles perdent l'honneur à la mort du chef. Cependant elles peuvent combattre encore, et les guerriers peuvent reprendre leurs rangs.

POËME

SUR LE JEU D'ÉCHECS

Par ABEN-YÉ'HIA.

(Traduction littérale.)

———

Quand les armées sont rangées, nous contemplons le Roi dans toute sa gloire ; il est placé à la tête de ses troupes, qui attendent ses ordres. Il triomphe, il est acclamé, il domine ses ennemis par son regard terrible et par l'énergie de son geste. Il est solidement établi dans sa forteresse, c'est-à-dire que la quatrième enceinte est le lieu de sa résidence.

Dès l'abord, la Reine est placée à côté du Roi, il la comble de ses faveurs. Auprès d'eux sont deux Cavaliers montés sur des chevaux équipés en guerre, et à droite et à gauche se trouvent deux Éléphants (Fous) ; deux Rou'hs (Tours) flanquent ces derniers. Ce sont leurs généraux, leurs préfets, dont le degré de courage et de force détermine le rang.

Devant eux sont deux rangées de guerriers aussi

formidables, dont la position n'est pas couverte ; ce sont également des héros.

Tel est le champ de bataille, telle est la disposition des étendards suivant la dignité et l'origine de chacun. Je vais faire connaître maintenant la marche de ces guerriers, en traçant la route que doit suivre l'armée, et c'est en un langage pur que je raconterai cette guerre.

Le Roi, en marchant de case en case, fait tout ce qui lui plaît dans son domaine. Il marche droit ou obliquement, mais il ne s'enflamme point ; il ne marche que pas à pas, et ne s'avance point trop vite dans la guerre, de peur de succomber.

Les cases sur lesquelles les Éléphants peuvent marcher (au début) sans faire de détours sont au nombre de trois. Ils prennent ensuite d'autres chemins (plus longs), qui sont aussi tortueux.

Les Cavaliers — élite de l'armée — sont placés près des portes elles-mêmes (Tours). Devant eux marche la terreur. En s'avançant, ils sautent obliquement sur la première enceinte, et de là sur la seconde, avant de s'arrêter. Ils sont aux aguets dans le camp.

Quant aux Rou'hs, leur chemin est direct, car il est droit (en long et en large). Chacun des Rou'hs avance ou recule en droite ligne : sa marche est régulière autant qu'un des guerriers ne se trouve en chemin. Cependant tout officier peut être pris par un simple soldat courageux, au moment même où il se croit le plus en sûreté.

En guerre, le Roi se tient loin des ennemis, il n'essaye pas même de trop s'éloigner de son camp. On ne le voit que là où l'un de ses soldats l'appelle et réclame le secours de son bouclier pour le défendre contre ses agresseurs. Quand dans sa fureur il est sorti des retranchements et s'est montré aux ennemis, il revient de suite derrière les murs et les remparts de sa forteresse, et de temps en temps il fait des sorties, mais toujours avec prudence.

Tels sont les droits et les devoirs du Roi, de ses officiers et des autres guerriers. Tels sont le charme et l'excellence de ce jeu innocent et profond. Mais nous avons parlé d'une Reine. Elle est placée aux endroits les plus élevés, pour apercevoir toutes les parties de l'État qu'elle gouverne; elle est bouillante d'ardeur et de courage. Pour marcher contre les ennemis, elle se ceint de la force de ses reins, et ses pieds ne demeurent pas attachés à sa case ; elle parcourt les murailles dans toutes leurs directions, entourée de ses trois illustres guerriers. Et quand, au début du combat, elle obéit à son ardeur, combien sa marche est gracieuse ! Elle passe de rang en rang, même obliquement, et les parcourt l'un après l'autre.

Le Roi, couvert de vêtements noirs, est placé (au début) sur la quatrième case, qui est blanche ; à son côté gauche se trouve son épouse sur la case noire. Le Roi ne se tient pas toujours (en marche) à côté d'elle, quoiqu'elle soit aussi *Cushite* (noire) et quoi- qu'il n'y ait pas de différence entre eux ; car , quand ils marchent avec imprudence et témérité , ils cou- rent le même péril : la mort les attend tous deux , et ils succombent en même temps.

Ce même Roi noir sera cependant plein de gloire quand il aura près de lui un peuple puissant et nombreux. Il s'avancera, précédé de ses serviteurs, gravissant les pentes de la route et bondissant de case en case avec un éclatant courage.

Quand les fantassins veulent faire du butin ou des prisonniers , ils peuvent sauter d'une case à l'autre, mais obliquement ; et celui d'entre eux qui , à force de courage , court avec l'agilité d'un cerf et parvient au but de ses désirs , c'est-à-dire à la dernière case , égale alors en légèreté l'aigle du ciel , vole où il lui plaît d'aller, et devient Reine.

Et les deux Rois se dressent des embûches , ils se poursuivent jusqu'à la mort. Mais l'un de ces deux Rois est embarrassé dans sa marche, car jusque dans son propre camp un des guerriers de son adversaire est venu le menacer ; il s'est vu forcé de quitter sa position pour chercher un autre refuge et éviter l'en- nemi qui allait s'élancer sur lui. Et quand il s'efforce de sortir de sa case pour trouver une nouvelle retraite, des combattants courageux le poursuivent, prêts à le saisir, et ses pieds s'embarrassent dans un filet inextricable. Alors sa puissance se change en ruine. Hélas! qu'est devenu ce Roi? Comment s'est éclipsée sa gloire? Et son peuple qu'on foule aux pieds, d'où pourra-t-il tirer du secours pour repousser les nouvelles attaques du vainqueur? Il est humilié, flétri, courbé sous le joug. Il tombe; et voici le temps où le Roi son ennemi l'a dépossédé de sa gloire, et aucun de ses sujets ne lui a survécu. Chassé de ses domaines, dépouillé de ses honneurs, il reste seul et sans appui. Comment peut-il échapper à la mort? — Mais l'autre souverain reste dans ses États, comblé d'honneurs, tandis que celui-ci meurt dans la douleur et la honte.

C'est ainsi que périront les ennemis de ce monarque; tel sera le sort de tous ceux qui lui voulaient du mal. Mais ses amis seront brillants comme le soleil dans tout son éclat.

LE JEU DES ÉCHECS

SON ORIGINE, SES REGLES ET SA VALEUR MORALE

(Traduction libre.)

> « Quand nous étions enfants, nous passions
> pour des hommes ; maintenant, devenus plus
> âgés, passerons-nous pour des enfants ? »
> (*Traité Baba-Kama*, 92, 2.)

Je rappellerai les jours passés ; trente ans se sont déjà écoulés depuis ma tendre enfance, depuis l'époque où je suivais assidûment les leçons de mes maîtres, pour apprendre la Loi, pour l'enseigner et devenir maître à mon tour. Tous mes jours, je les ai passés au milieu des savants, et j'ai pris rang parmi ceux qui fréquentaient les écoles. Depuis lors, Monseigneur *m'a aidé* et m'a fait marcher parmi ceux qui étaient debout comme les colonnes du monde, sur lesquelles *la maison*, je veux dire la maison d'Israël, était appuyée ; il m'a soutenu pour me permettre d'enseigner aux enfants de mon peuple le chemin qu'ils doivent suivre : ce chemin, c'est celui de la Loi, de la loi du Seigneur, cette loi parfaite *qui instruit l'insensé*.

J'ai reconnu tout cela à mesure que la sagesse me venait. Or, la sagesse, c'est la crainte du Seigneur, et la science consiste à éviter du mal.

Pendant ma jeunesse, mon esprit s'est agité pour interroger les diverses périodes du temps passé ; je les ai soumises sans relâche au creuset de l'examen, qui me servit comme de pierre de touche ; je les ai fondues comme on fond l'argent, et je les ai trouvées vanités des vanités. Semblables aux parcelles d'argent mêlées à des débris de terre, elles donnent une apparente valeur à ces débris, et les enfants des hommes s'y laissent prendre, semblables à l'oiseau qui se précipite vers le piége. Dans *le livre écrit par moi*, j'ai rapporté toutes les ruses et les machinations de ce monde inférieur, car la fraude et la ruse sont dans toute parole ; et passant en revue tout ce qu'on trouve de mal et de bien dans ce siècle, j'ai dit du jeu : « Éloignez de vous tout ce qui est profane, et pourtant sachez vous en servir. » J'ai dit aussi pour ceux qui se réjouissent d'une bagatelle : « La tristesse en sera la fin ; » et je me suis donné pour but de connaître le bien et le mal et de discerner le sacré du profane, pour que jeunes et vieux apprennent à éviter le mal et à choisir le bien, c'est-à-dire la Loi et la Science.

Ceux qui étaient éloignés apprirent ce que j'avais fait depuis l'aurore de ma vie encore humide de la rosée matinale. Le Seigneur me donna la langue des savants, et mes lèvres en prononçant ses paroles devinrent éloquentes. Et les hommes, voyant la beauté du livre, s'étonnèrent de ce que, parvenu au temps de la vieillesse et peut-être tout près de la mort, j'eusse écrit et composé ces pages, où j'enseigne la science du jeu et chante ses louanges.

Mais, quel est le bruit qui retentit à mes oreilles ? J'entends l'éclat d'une voix qui croit me dire de grandes choses : « O toi qui nous représentais la plus haute perfection de la vertu, toi qui étais comme assis sur le trône du Seigneur pour juger son peuple, le peuple des enfants d'Israël, qui venait apprendre la Loi de ta bouche, comment as-tu été changé ainsi en un autre homme ? comment ta gloire s'est-elle ainsi éclipsée ? Tu passes aujourd'hui pour un homme dont les actions attestent la démence, et tu as changé ton noble langage qui réjouissait Dieu et les hommes, pour écrire sur le Jeu et déshonorer ainsi ta plume ! Ceux qui verront ton ouvrage joueront et useront leur temps dans les vanités de ce monde, et l'on dira que c'est toi qui les as poussés dans cette mauvaise voie. » Et moi, sachant ce que sont les livres, j'ai examiné devant Dieu ces deux opinions contradictoires, et j'ai conclu que les hommes ne se ressem-

blent pas; ils diffèrent autant que l'orient et l'occi-
dent, la paille et le pur froment. L'un ne prononce
que des paroles saintes, et tout ce que dit l'autre est
impur. L'un est un enfant de Dieu, et l'autre un hy-
pocrite et un méchant. « Tu voudras purifier dans ta
vieillesse ce que tu as fait d'impur dans ta jeunesse,
lui dis-je. C'est vouloir purifier l'immonde ! Les
jours parleront, et le nombre des années amènera la
sagesse ; mais non pas comme chez les vieillards igno-
rants, qui à mesure qu'ils avancent en âge perdent
leur intelligence. « O mon père, disent les autres, rendez donc honneur à Dieu, et au jour où la
commune israélite s'assemble pour prier le Seigneur,
déchirez publiquement ce livre en douze morceaux
qui ne pourront être réunis à jamais, mais que vous
jetterez au milieu des flammes, retirant ainsi le mal
du milieu d'Israël, et vous serez justifié devant le
Seigneur votre Dieu. »

Et comme j'entendais ces paroles, j'ai levé les mains
vers le Seigneur, le Très-Haut, maître du ciel et de
la terre, qui sait tout et voit tout : « Si j'ai agi dans
un esprit de révolte et de perversité, Seigneur, ne
me sauve pas ! Dieu connaît les secrets de nos
cœurs, et Israël sait aussi que j'ai marché dans la
vérité et avec conscience ; mon cœur est sans tache
et mes mains sont pures. Mais pour que mon peuple
tout entier sache que je n'ai rien à me reprocher de-

vant Dieu et les hommes, je me suis levé avec courage ; que la justice et la fidélité soient la ceinture
de mes reins, et je raconterai l'occasion et la cause
première et finale qui m'ont fait écrire cet autre livre,
afin que ce soit pour moi un témoignage, dans les
siècles à venir, que ma vie fut sans péché. »

Ainsi donc, lecteur bienveillant, écoute ceci et apprends ce qui suit : — Il y eut un homme illustre,
d'une famille noble, un homme intègre et droit dans
son siècle, marchant suivant la loi et les préceptes,
qu'il gardait et observait, aimé de Dieu et honoré
des hommes qui l'avaient placé à leur tête et à la tête
de toutes choses sacrées. Il avait deux fils semblables
à deux jeunes oliviers, honorés et aimés, connaissant à fond toutes sciences et pratiquant la sagesse.
L'aîné, pour corriger son frère cadet, qui était enclin
au jeu des cartes, se disputa avec lui, lui fit de la morale, et parfois le gronda et le frappa, sans que cela
pût le faire changer. Aussi son frère éprouva contre
lui une grande haine et ne put lui parler avec douceur ;
enfin les deux frères devinrent deux mortels ennemis.
Et quand le père eut appris cette affligeante querelle,
son cœur en fut navré de douleur ; et venant à moi
plein d'horreur et d'indignation, il me raconta le
malheur qui venait de lui arriver ; et tout en pleurant
il me supplia d'éteindre cette haine et cette dissension entre deux frères, et il me dit : « Ce sont mes

deux fils que le Seigneur m'a accordés dans sa miséricorde et dans le nombre de ses bienfaits ; je les ai élevés dans la crainte de Dieu ; pourquoi serais-je privé de tous les deux le même jour, et descendrais-je au tombeau rempli de douleur? Regardez, et voyez s'il est une affliction pareille à la mienne ! » Alors je lui répondis : « Je suis affligé pour vous, mon frère, car votre malheur est immense comme la mer : que le Dieu du ciel vous envoie sa parole pour vous consoler ! Voici cependant le conseil que je vous donnerai, et que le Seigneur soit avec vous et vous accorde enfin la paix. Nous appellerons les enfants et nous leur demanderons la cause de leur colère si grande, de leur jalousie, de leur haine et de leur discorde. J'userai de tont mon pouvoir, et je m'efforcerai d'être le médiateur pour ramener la paix entre eux. » Alors j'envoyai chercher les jeunes gens, en leur désignant l'heure et le jour auxquels je désirais les entretenir. Ils se rendirent à mon invitation. Mais leurs visages exprimaient toute la haine dont ils étaient réciproquement animés. Je leur dis alors : « Approchez-vous de moi, frères chéris, jeunes gens ; semblables aux cèdres plantés par le Créateur, à qui de vous le Seigneur n'a-t-il pas donné la sagesse et la science? Pourquoi donc chacun de vous agit-il en ennemi vis-à-vis de l'autre? Oubliez-vous la voix du sang fraternel ? Pourquoi vous haïssez-vous ?

Déclarez-le, et je saurai comment ce mal vous est
arrivé. »

A peine avais-je fini de parler, que l'aîné se mit en
colère et poussa des cris de haine et d'indignation ; il
éclata, semblable au feu, il maudit son frère au
nom du ciel, et d'une voix forte il me dit : « Ah !
seigneur, ne l'appelez pas mon frère, car il ne l'est
pas, à moins que ce ne soit un frère né pour mon
malheur : les jours ne sont plus, le temps est passé, et
il s'est enfui. A l'époque où il était mon compagnon
et mon frère, nous étudiions ensemble le secret de
Dieu pour ceux qui le craignent ; comme nous avions
appris le livre de la Loi du Seigneur, pour en obser-
ver et suivre les préceptes, je l'aimais d'un amour
éternel, d'un amour pur et désintéressé, et mon âme
était unie à la sienne par un lien très-fort. Mais,
comme, en se corrompant, il a souillé sa route, qu'il
a quitté volontairement son chemin, chemin de la
bonté et de la justice enseignées par ses ancêtres, et
qu'il n'a pas persévéré dans sa pureté, qu'il a lié société avec ceux qui commettent l'iniquité, avec ces
hommes méchants dans l'âme qui agissent dans la
perversité, qui mangent et boivent et se lèvent pour
jouer, qui passent tout leur temps au milieu des
cartes, des dés et de toutes les variétés du jeu, qui est
le père des choses honteuses, quelle est sa famille à
présent ? Des gens dont le propre est de jurer, de

mentir, de tuer et de voler. Loin de nous une telle peste ! loin de nous une telle honte ! Il déshonore la maison de son père ; je le hais, et de la haine la plus grande. »

Pendant qu'il parlait ainsi, les sanglots étouffaient la voix de son frère, qui enfin tomba de toute sa hauteur sur le sol, de honte et de confusion, hors d'état de pouvoir réunir ses pensées.

A la vue de cet enfant qui se taisait et restait stupéfait comme le muet qui ne peut ouvrir la bouche, je sentis mon cœur tressaillir de compassion pour lui, et prenant le ton d'un juge clément, je lui dis : « Lève-toi, mon fils ; pourquoi demeurer la face contre terre ? Si tu as été dans l'erreur, si tu as péché et que tu corriges ta vie, le Seigneur notre Dieu possède la miséricorde et la remise des péchés, sa droite est étendue pour recevoir ceux qui font pénitence, et les portes du repentir ne te seront pas fermées dans l'éternité ; tu peux encore espérer, car il y a en toi quelque chose de bon aux yeux de Celui qui voit tout. C'est la vertu qui fit la gloire des grands siècles, qui les fit appeler modestes, fils des hommes modestes ; cette vertu conduit l'homme à la crainte du péché, à l'honnêteté, à la pureté et à la sainteté, qui toutes ont pour fondement *la pudeur ;* ainsi donc, ouvre la bouche, et viens nous éclairer par tes paroles ; parle, car je veux te justifier. »

Et comme je finissais de parler, ce jeune homme reprit courage. Il se releva et me dit : « Je trouverai grâce à vos yeux, ô mon maître, car vous m'avez consolé et vous avez parlé au cœur de votre serviteur : j'ai contemplé votre face comme on contemple la face du Seigneur, et vous m'avez permis d'élever la voix devant vous. Je parlerai, et je serai soulagé. Mon père, vous qui êtes chef de la nation d'Israël, regardez et jugez : mon frère, nourri dans son enfance au sein de ma mère, me poursuit, m'attaque sans motif et répand le fiel contre moi. C'est un faux témoin ; il ment contre son frère en proférant des paroles qui ne sont pas vraies. Il dit que je joue le jour et la nuit, que je perds mon temps à des choses vaines, que je repousse loin de moi la Loi, l'étude et toutes les bonnes occupations ; il présente votre serviteur comme un enfant de la perversité, comme un de ces misérables en Israël qui abandonnent les voies de la justice pour suivre des chemins sombres et impurs. Mon témoin est dans le ciel, j'invoque son puissant témoignage. Que les portes de son temple, temple de vérité et de sciences, s'ouvrent devant son peuple, elles feront voir mon innocence. Je n'ai pas abandonné l'étude une heure, pendant tous les jours de ma vie ; je raconterai tout ce que j'ai fait, j'ouvrirai mon cœur. Malheur à moi ! car je suis faible. Ma blessure est profonde, car, en me châtiant, le Seigneur m'a frappé par la maladie de l'âme et l'angoisse du cœur ; et cette maladie me trouble par moments, elle est en moi depuis ma naissance, je marche le cœur plein d'amertume et en proie à la colère. L'humeur sombre l'emporte et ne me permet pas de modérer mon esprit pour étudier ou faire mes prières avec tranquillité. J'ai prié le Seigneur notre Dieu qui guérit les cœurs blessés et les fortifie contre la douleur, lui demandant de m'envoyer la guérison et d'éloigner de moi cette mort ; j'ai consulté les médecins suivant ce texte de la loi : « *En guérissant, il (Dieu) guérira,* » et c'est de là que leur vient la puissance de guérir. Chacun d'eux, me donnant son avis avec sagesse et science, me dit : « Oui, le remède et la guérison monteront vers toi, ta santé retrouvera de nouveaux germes, si tu chasses l'irritation de ton cœur pour devenir calme et gai ; la tristesse et les soupirs fuiront loin de toi, si tu donnes chaque jour à ton esprit quelque distraction en accordant quelques instants à la danse, au jeu, à la musique ou au chant des cantiques. Tes entrailles tressailleront de toutes sortes de joies, car un cœur joyeux donne plus de vertu aux remèdes. » Leurs paroles me plurent, et, réfléchissant souvent à ces différents moyens, je choisis le jeu comme meilleur emploi de mon temps, et j'ai cherché un compagnon aimé et fidèle qui jouât avec moi environ une demi-heure par jour. J'ai choisi aussi le temps propre et convenable pour ne pas m'écarter beaucoup de mes études, et c'est après mes repas, par la raison qu'il est pénible de se livrer à l'étude ou aux affaires sérieuses avant la fin de la digestion. C'est pourquoi j'ai dit : C'est le vrai temps pour jouer. Et voilà, ô mon maître, ce que les lèvres ont raconté. J'ai dit tout ce qui s'est passé depuis le commencement jusqu'à la fin. Si j'ai commis quelque iniquité qu'on puisse appeler péché, instruisez-moi, ô notre maître à tous, et je préférerai la mort à la vie, et je ne pécherai pas davantage. »

Quand cet enfant eut fini de parler, je le pris, je l'attirai dans mes bras et je l'embrassai en lui disant : «Béni sois-tu par le Seigneur, ô mon fils ! Tu as parlé sagement et tu as dit la vérité, car quiconque reconnaît ses fautes et les confesse obtient son pardon devant Dieu. » Et je dis au frère aîné : « Que la colère ne trouble pas ton esprit, car la colère chasse la sagesse. Il est vrai qu'il faut instruire un enfant (c'est un précepte obligatoire) en le reprenant d'une façon sensible, mais toujours avec une secrète affection. Ainsi donc, ne lève pas la main sur cet enfant pour le frapper, et n'attaque pas ton frère dans le fort de la colère; mais, à cause de son jeune âge, accorde quelque excuse à sa faute.

« Et à toi, que te ferai-je, ô mon fils? Je sais, mon enfant, je sais que ton cœur est parfait devant le

Seigneur et que ton intention venait du ciel. Sache cependant qu'il y a toujours une défense qui frappe les dés et les cartes : car, bien que ceux qui jouent n'en veuillent pas faire l'aveu, le jeu a une telle force, qu'il conduit à la perversité et qu'il est condamné pour ce motif. Mais ceux qui connaissent la sagesse assurent qu'on agit prudemment en choisissant le moindre de plusieurs maux. Je te conseillerai donc de quitter les dés et les cartes, et tu iras trouver ton frère en paix ; tous deux vous apprendrez le jeu qu'on appelle les Échecs, à cette condition que vous n'y jouerez chaque jour que pendant une demi-heure, excepté aux jours des *'hanouka*, de *pourim* et de *'hol-hamoade*, où vous pouvez jouer davantage. Il y a dans ce jeu quelque chose de piquant et de sage, car il a été inventé par des hommes d'intelligence. »

En entendant ces paroles, les deux frères tombèrent dans les bras l'un de l'autre et s'embrassèrent, car au fond ils s'aimaient tendrement.

Tels furent les causes et les motifs qui me firent écrire ce livre. Je voulus leur apprendre les règles générales de ce jeu. Comme les rois et les princes seuls s'exercent à ce jeu et s'en amusent, j'ai donné à ce livre le titre de Délices royales.

Voici les détails intéressants que j'ai réunis ; bien que ce livre soit petit, le lecteur y trouvera assez d'agréments pour son esprit.

En premier lieu, j'ai démontré la supériorité de ce jeu sur tout autre, tant pour le charme qu'on y trouve que pour le tableau fidèle qu'il nous trace des besoins des hommes.

Secondement, j'ai cherché son inventeur et l'époque de son invention.

Troisièmement, j'ai cité tous ses noms, car ils sont nombreux, et j'en ai donné l'explication.

Quatrièmement, j'ai préparé et tracé une tablette sur laquelle ce jeu est disposé.

Cinquièmement, j'ai fait voir les diverses pièces, leurs figures, le nom de chacune d'elles, leur forme et le rang qu'elles doivent occuper d'après leur valeur.

Sixièmement, j'ai enseigné, autant qu'il était en mon pouvoir, les lois et les règles de ce jeu.

Voilà pour les généralités, mais elles se compliquent d'une infinité de détails, comme le lecteur pourra en juger.

Ainsi donc, je commence.

Je sais, et je ne m'en cache pas, que toute espèce de jeu est mauvaise, et tous ceux qui s'y livrent sont des hommes pervers, de grands pécheurs devant le Seigneur, et ils passent pour indignes de porter témoignage ; on les nomme voleurs, car ils prennent publiquement et injustement la fortune d'autrui ; ils perdent leur temps à des choses vaines et ne s'occupent pas de la conservation du monde ; la ruse et la fraude sont dans toutes leurs paroles ; leurs attestations sont pleines de fourberie. Ils ne cherchent qu'à ruiner leur prochain, et de là des haines d'où résultent des procès et des querelles entre frères et amis. Mais, à la louange de ce jeu, du jeu d'Échecs, si admirable sous tous les rapports, remarquable entre tous, je dirai que c'est un jeu honnête et parfait, en ce qu'il n'a rien de coupable, ni rien de ce qui conduit l'homme au péché, car ses inventeurs l'ont trouvé par la science, l'intelligence et l'instruction. On peut comparer sa combinaison à un peuple, à un pays et à une ville unis ensemble. Il y a une ville avec ses habitants, un roi et des princes (ministres). Le Roi est assis sur le trône de justice : c'est un juge impartial, équitable et obéissant à la vérité ; c'est le prince établi par Dieu, qui seul au monde est au-dessus de lui. Ensuite vient le Grand-Prêtre, plus grand que tous ses frères, comparable au Roi, car il est l'oint du Seigneur. Sa couronne fleurit : c'est une couronne sainte, ornée de feuilles d'or, et il est le premier parmi toutes les choses sacrées.

De tous les seigneurs qui sont sous les ordres du Monarque, il y a le Vice-roi qui vient dans un char, immédiatement après lui : il est son compagnon. Le second est le conseiller du Roi, sage et prophète. C'est à lui qu'appartient le droit de conseiller et d'enseigner ; le Roi ne fait rien sans le consulter. Tout le peuple est gouverné selon ses paroles ; ses avis sont révérés comme ceux de Dieu même.

Le troisième est le Général. C'est un homme de guerre, d'une grande force, qui affermit l'armée ; il sort et combat contre des peuples injustes, et en défendant la justice (au nom du Seigneur), la volonté de Dieu triomphe par sa main.

Il y a aussi en tête un autre prêtre qui est au Grand-Prêtre ce que le vice-roi est au Monarque. Il s'appelle *Ségan* ou Préfet ; il se tient toujours à la droite du Pontife. Il administre pour lui, quand celui-ci est empêché. Tous les autres prêtres sont sous les ordres de ce vicaire. En outre, on sacrait encore un autre chef qui, au moment du combat, adressait au peuple un discours dans la langue sacrée, pour qu'à la vue des chevaux et des chars ennemis, il ne craignît pas, ne tremblât pas, et ne fût point frappé de terreur, mais qu'il eût confiance en Dieu. — « Ceux qui attendent le Seigneur verront leurs forces s'accroître, car le coursier est prêt pour le jour du combat ; mais le salut vient du Seigneur, qui seul peut nous aider, soit en nous donnant la force, soit en nous la refusant. » Telles étaient les paroles que prononçait ce chef pour exciter et affermir le courage du peuple, afin de le préparer à combattre. Aussi on l'appelait le Prêtre sacré pour la guerre. Et quand on répandait l'huile d'onction sur sa tête, il dominait les autres après le *Ségan*.

Le quatrième était le Commandeur. C'est lui qui tenait dans ses mains les clefs des places (*Forts*) : il ouvrait, et personne ne fermait ; il fermait, et personne n'ouvrait. Il était préparé à tous les travaux de défense. On l'appelait commandeur, parce qu'il ordonnait tout, ou bien dominateur, parce qu'il était un grand seigneur et commandait à tous, et on ne discutait pas ses ordres.

Tels sont les personnages dont s'entourait le Roi. Ils étaient sacrés, choisis parmi les justes, et placés à la tête de l'État et de tout ce qui est saint. Ces chefs avaient leurs fonctions auprès du Roi et siégeaient dans son palais.

Il y avait en outre les Seigneurs, qui commandaient les provinces et les villes fortifiées; les chefs de mille, de centaines, de cinquantaines et de dizaines. Il y avait les Juges et les Maires de chaque ville, et les Prêtres. Le peuple vivait heureux, chaque habitant travaillait pour son bonheur en aidant son prochain, chacun remplissait ses devoirs : tous se soutenaient les uns les autres, et Dieu, dans sa miséricorde et du haut de son trône de sainteté, veillait sur eux d'un regard bienveillant, et bénissait l'ouvrage de leurs mains.

Le lecteur verra que la comparaison est d'accord

en tous points, quand j'aurai exposé la combinaison de ce jeu excellent et d'une beauté parfaite.

De même qu'un gouvernement politique a pour base la justice, des statuts et des jugements vrais, au milieu desquels l'homme est heureux s'il les observe fidèlement, de même aussi ce jeu suit des règles admirables de combinaison; il est fondé sur des principes et des jugements droits, sur la vérité et la justice; il repose sur des statuts que personne ne transgresse, sur la sagesse et la science. C'est pourquoi les peuples intelligents apprendront à jouer aux Échecs, car ce jeu est complétement paisible et innocent; ceux qui s'y livrent n'ont pas pour but de désirer ou de ravir le bien d'autrui, mais seulement d'exercer leur intelligence, car chacun d'eux est désireux de vaincre son adversaire, et le vainqueur prudent en tire gloire, force et honneur; ils s'assemblent en paix, ils s'en vont en paix.

Il n'en est pas de même des dés et des cartes, de ces jeux qui procèdent du hasard et de la folie; car tout dépend de la manière dont roulent les dés ou tombent les cartes. L'intelligence n'a aucune part dans ces jeux, et ceux qui s'y livrent ne font preuve de science que pour mal agir, soit en jetant les dés avec supercherie, soit en faisant des changements quand ils distribuent les cartes: car le but de chacun d'eux consiste à ruiner et à tromper son adversaire. Et voilà la cause de la haine que ces jeux excitent entre les hommes.

Après avoir fait connaître les avantages du jeu des Échecs sur les autres, je vais exposer les plaisirs que l'homme peut y trouver; car on se demande en soi-même : A quoi peut-il servir à l'homme? Quel bienfait pourrons-nous en retirer? Les sages ne nous déclarent-ils pas qu'il est impossible à l'homme de comprendre et d'étudier les sciences quand il est triste, car Dieu lui a donné la sagesse, la science et la gaité? Aussi les hommes éclairés conseillent à celui qui étudie, de réserver tous les jours quelques moments au loisir, ou au jeu, pour que l'étude puisse lui paraître agréable, que sa vie soit heureuse et qu'il ne soit pas à charge à soi-même; or, nous avons vu beaucoup d'hommes dont la raison a été troublée par une longue étude et une application soutenue; l'édifice de leur science est tombé en ruines, parce qu'ils ne laissaient pas de repos à leur esprit et ne donnaient aucun relâche à leurs études. Ne voyons-nous pas les orateurs distingués, pour attacher l'esprit des auditeurs, introduire dans leurs discours des paraboles et des allégories qui réjouissent l'âme et éclairent les disciples?

Les hommes de science et de sagesse ont inventé les Échecs comme un simulacre de la société politique; l'homme y apprend la droiture et la justice, afin de connaître aussi les généralités et les particularités du gouvernement d'une cité ; c'est un point qui exige une grande sagesse, puisque les hommes sages et intelligents ont écrit des ouvrages célèbres sur cette question.

Le lecteur y apprendra bien d'autres moralités, quand j'exposerai le but que se sont proposé les auteurs de ce jeu.

En recherchant les noms des inventeurs du jeu des Échecs, et l'époque de son origine, j'ai travaillé et découvert autant qu'il était en mon pouvoir et dans la mesure de mes facultés ; c'est pourquoi il me semble que je révèle ce qui était enfoui dans les ténèbres les plus profondes. C'est en effet un point bien difficile à établir, tant à cause de l'antiquité de ce jeu, dont l'origine se perd dans la nuit des temps, que du manque de livres qui traitent de ce sujet. Mais j'ai sondé les secrets des textes anciens qui me tombèrent dans les mains, j'ai lu des ouvrages latins et grecs, arabes et persans, et des autres nations qui ne sont pas des enfants d'Israël. J'ai réuni et placé sous les yeux du lecteur tout ce dont ces livres parlent sans toujours être d'accord entre eux. Mais je concilierai leurs opinions. Je commencerai donc par rapporter les paroles d'un grand sage, du prince des philosophes. C'est Platon qui a écrit dans son œuvre que du temps de Moïse, notre docteur, il existait un sage, parmi les prêtres de l'Égypte, nommé *Thoth* (1). Par le grand développement de son intelligence, il trouva et enseigna aux hommes de son temps la science de l'astronomie, l'astrologie, la composition et l'écriture. Il conçut dans son esprit ce jeu très-aimé ; c'était alors le jeu de délices. A cause de la profondeur de sa sagesse et de son intelligence, les enfants de ce siècle dirent : « Cet homme ne peut être que sanctifié par Dieu, et le secret divin est sur sa tente ; le Seigneur l'a instruit pour qu'il rendît service aux hommes. » Et il leur enseigna les livres et la science des Chaldéens ; c'est pourquoi ils l'appelèrent *Hermès*, mot qui dans leur langue veut dire *prophète*, *envoyé*, *intermédiaire* entre Dieu et les hommes.

Quelques auteurs affirment que cet homme fut Moïse, qui nous a retirés de la terre d'Égypte et qui, par les soins de Bithia, fille de Pharaon, fut élevé dans le palais et parmi les conseillers de ce roi. Dieu lui donna l'intelligence, pour qu'il pût rechercher et sonder toute science ; aussi fut-il plus sage que tous les hommes de l'Orient. La Divinité brilla sur lui, le Seigneur le remplit de son souffle et lui découvrit le se-

(1) *Théoth* ou *Thoth* se trouve dans la mythologie égyptienne. C'est un dieu qui présidait à la parole, à l'écriture, aux sciences dont il passait pour l'inventeur. *Thoth* est le premier mois de l'année solaire des Égyptiens.

Le traducteur.

cret de la vraie sagesse : il voyait et connaissait tout. Il comprit la puissance de Dieu, ses prodiges et les arrêts de sa bouche. Il fit, au milieu des hommes, des miracles qui ne se renouvelèrent sur aucune autre terre ni chez aucune autre nation. Comme la force et la puissance étaient avec lui, et que sa main prévalut contre les idoles, — car Dieu les condamna par Moïse, — les hommes le nommèrent *Thoth*. La principale signification de ce mot, dans la langue des Égyptiens, des Cythéens, Cuthéens, et aussi des Araméens, est : *le second Dieu de la terre.*

J'ai trouvé dans un autre livre que l'inventeur des Échecs fut le Grec Palamède, un des chefs qui allèrent assiéger Troie pendant dix ans. C'est le même qui trouva les lettres de l'alphabet grec, qui enseigna les éclipses du soleil et de la lune, ainsi que la science des préparatifs de guerre ; et pour exercer les hommes à la tactique, il inventa ce jeu remarquable qui représente deux armées campées l'une vis-à-vis de l'autre avec les chefs de guerre de deux parties.

D'autres disent que *Lydo*, chef des *Lydiens* (1), se

(1) Hérodote parle des jeux de toutes sortes dont les Lydiens, sous le règne d'Atys, fils de Manès, ont joué pour tromper leur faim dans une année de grande famine en Lydie.

Le traducteur.

trouvant à l'armée avec son frère, souffrant de la faim, inventa les jeux de toute espèce, au nombre desquels on compta ce jeu de délices. Ils décidèrent de passer un jour à jouer divers jeux pour oublier le manger et par ce moyen tromper pendant ce temps leur faim; puis, le jour suivant, ils mangeaient le peu qu'ils avaient et buvaient, afin de pouvoir jeûner le lendemain. Ils firent ainsi jusqu'à ce que la famine fût passée.

Les Indiens (1) disent avec orgueil qu'un philosophe de leur nation, homme sage et très-versé dans la science de l'astronomie et de la géometrie, et qui s'appelait *Scissa*, fils de *Dâher*, trouva et découvrit ce jeu supérieur, par sa science et sa grande intelligence; il l'expliqua devant *Belkib*, roi des Indes, lui fit voir sa forme, sa disposition, la manière d'y jouer, et lui en fit connaître toutes les combinaisons. Le roi, voyant la beauté de cette œuvre et le grand génie de l'auteur, lui dit : « Je sais que tu es un homme sage, j'ai vu l'œuvre délicieuse de tes mains; demande-moi ce que tu veux, demande beaucoup,

(1) Le Dr Forbes est convaincu, après ses recherches profondes et solides (*The History of Chess, etc., etc., by Duneau Forbes, London*, 1860), que le jeu d'Echecs a pris naissance aux Indes, déjà trois mille ans avant l'ère vulgaire.

Le traducteur.

même la moitié de mon royaume, et je te satisferai. »
Le philosophe répondit : « Puisque je trouve grâce à
tes yeux, ô roi, pour pouvoir formuler ma demande,
je place devant toi la table de ce jeu, qui est composé
de 64 cases. Ordonne à présent à un de tes serviteurs
qui sont préposés aux trésors de blé de placer sur
la première case un grain de blé, sur la deuxième
deux grains, sur la troisième quatre grains, et ainsi
de suite sur chaque case le double de ce qui était sur
la précédente, jusqu'à ce que toutes les cases soient
parcourues, et ce sera ma récompense. »

En entendant les paroles de ce sage, le roi s'indi-
gna contre lui, et le méprisa dans son cœur en lui
disant : « Tu parles comme un insensé. Ne puis-je
donc pas te combler de grands honneurs ? Car tu me
demandes une chose des plus minimes. Tu ressem-
bles à ceux qui jettent leur mépris sur les princes, ou
plutôt sur le roi ; ta demande est celle d'un fou. » Le
sage répondit : « Je vous en supplie, ne vous irri-
tez pas contre votre esclave. J'ai fait une demande à
mon souverain, et je la réitère. Vous me comblerez en
me l'accordant. Si c'est trop peu, vous pouvez mettre
le double. » Alors le roi, voyant qu'il ne pouvait pas
le vaincre, ordonna au préposé à la garde de ses trésors de faire selon ce qui était demandé. Mais, quand
celui-ci arriva à calculer les grains de blé comme l'a-
vait proposé le sage, il en trouva une telle quantité

qu'il ne pouvait la nombrer (1). Dans son trouble, i
alla trouver le roi et lui dit : — « Que notre roi viv
dans l'éternité ! j'ai voulu faire selon votre volonté
et je n'ai pas transgressé vos ordres ; mais, ô roi
vous m'avez donné un ordre impossible à exécuter
j'ai consulté les livres des moissons, et dans toute l'é-
tendue de votre royaume il n'y a pas assez de grains
de blé pour pouvoir égaler le nombre que vous a demandé cet homme, car on ne peut ni le compter, ni
le mesurer. Le demandeur a parlé avec esprit et sagesse. »

Entendant les paroles de son officier, le roi admira
la grande science du sage, le fit venir près de lui,
l'embrassa et lui dit : « Je sais maintenant que tu
es homme selon la sagesse de Dieu : tu gouverneras
mon peuple avec moi et tu mangeras à ma table. » Et
depuis lors, l'admettant à ses côtés, il en fit son ami
et son frère.

J'ai lu dans un ouvrage très-ancien qu'un sage de
la Perse avait inventé ce jeu pour *Ardeshir* ou *Asué-*

---

(1) Le comte de Basterot, dans son remarquable ouvrage
(*Traité élémentaire du jeu des Echecs, Paris*, 1863), après avoir
donné le chiffre de 18,446,744,073,709,551,615, ajoute que
« le froment récolté actuellement en France et accumulé pendant
cent neuf mille six cents ans, ne suffirait pas pour payer inté-
gralement la dette du roi indien ».

Le traducteur.

rus (nom qu'on donne à tous les rois de Perse). Ce prince était cruel : comment calmer cette cruauté funeste ? L'auteur de ce jeu avait pour but, au moyen d'une parabole, de dévoiler son intention secrète, en se servant de sentences et de comparaisons. Il instruisit ce prince par des exemples, et, au moyen de comparaisons, il lui fit comprendre qu'il ne fallait pas être cruel envers son peuple et les brebis de son pâturage, mais au contraire qu'il fallait mettre un frein à ses passions et suivre la loi ; qu'il devait répandre sa miséricorde sur ses sujets, et savoir que la force d'un prince est dans son peuple, dans son armée et les généraux qui le défendent ; que, quand le secours fait défaut, la chute est inévitable et qu'aucune force ne peut le faire résister à ses ennemis. Ainsi donc il trouva ce jeu pour que le roi pût en tirer un avertissement et une leçon utile. Car, dans ce jeu, celui qui joue doit se proposer de défendre son peuple, pour ne pas succomber s'il lui fait défaut. Le peuple est la colonne sur laquelle se fixe la victoire ; si ses sujets meurent, il sera isolé, et quiconque le trouvera le tuera. Aussi il nomma ce jeu *Chatrang* (1), ce qui,

(1) « Chatrang, corruption du mot *chaturanga*, est composé de deux mots : *chatur*, quatre, et *anga*, un membre ; il s'applique à une armée composée de quatre espèces de forces : infanterie, cavalerie, éléphants et navires. »

Comte de Basterot.

3

en langue persane, veut dire : tristesse du roi, ou morale au roi.

Ce jeu est attribué aussi à un des sept sages de la Grèce et à différents autres, mais personne n'est d'accord sur ce sujet. Cependant on ne peut douter qu'il date de la plus haute antiquité, car nous en trouvons une mention dans les livres les plus anciens (1). Ce qui me paraît le plus vraisemblable, c'est que les Persans l'ont découvert : car, dans presque tous les lieux où ce jeu est arrivé, on se sert, quand on y joue, de termes de la langue des Perses (2).

Voilà ce que j'ai trouvé sur la découverte de ce jeu.

Le jeu des Échecs a une variété de noms et de surnoms provenant tous des langues et de la prononciation des peuples chez lesquels ce jeu est parvenu. Les uns l'appellent *Shatrang*, ce qui, en langue persane, — comme nous l'avons dit plus haut, — veut dire :

(1) Le Talmud (*Tract. Kethouboth* 5) parle de ce jeu, ainsi que son commentateur Raschi.

(2) Fréret, dans son discours prononcé à l'Académie (sous Louis XV), prouve que les Persans ont reçu le jeu d'Échecs des Indes, qui le portèrent en Perse pendant le règne du grand Cosroës ; d'un autre côté, les Chinois, à qui ce jeu est connu, et qui le nomment le jeu de l'Éléphant, reconnaissent aussi qu'ils le tiennent des Indiens, de qui ils l'ont reçu dans le VIe siècle. Le *Haïpienne*, ou grand dictionnaire chinois, au mot *stanghki*, dit que ce fut sous le règne de *Vouti*, vers l'an 537, ère vulgaire.

Le traducteur.

tristesse du roi, ou morale au roi. Suivant l'opinion des autres, son nom est *Shesh-rangh*, c'est-à-dire les six formes, car il entre dans ce jeu six éléments : le roi, la reine, l'éléphant, le cavalier, le rou'h et le fantassin. D'autres enfin l'appellent *Sha'h*. Tous ces noms sont des corruptious du mot *Shâh* qui, en langue persane, veut dire roi (1).

Je vais décrire maintenant la forme de la table sur laquelle on joue.

Supposez un carré de bois de cèdre, dont la longueur est égale à la largeur : sur cette table sont tracées des cases carrées au nombre de huit en largeur sur huit en longueur. Il faut que chaque case soit peinte, l'une en rouge, l'autre en noir, pour que chacune se distingue par sa couleur. Telle est la forme de la table. Les rois et les princes qui regorgent d'or ont l'habitude de la faire faire de toutes sortes de bois de luxe ou de pierres précieuses, mais chacun fait selon ses moyens (2).

(1) Les Latins le nommèrent *Scacorum ludus*; les Italiens, *Scacchi*; les Allemands et les Polonais s'éloignent le moins de la prononciation orientale, en le nommant *Schach-spiel*, *Szachy*. *Échec* s'approche plutôt de l'arabe : *Sche'h*, rois ou seigneurs; *jeu des Échecs* ou jeu des Rois.   *Le traducteur.*

(2) Au Musée de Paris, il existe un échiquier dont toutes les pièces et la table sont en cristal de roche; il a appartenu au roi Louis XVIII.

Voici maintenant les noms et la forme des pièces de ce jeu, d'après leur rang et leur importance.

Le *Roi* est le premier en dignité et en supériorité. En langue persane, il se nomme *Shah*, et de ce nom est tiré celui de ce jeu, comme preuve de sa supériorité et de son excellence.

Après le Roi vient la *Reine* (1), maîtresse du royaume; on la nomme en langue persane *Pherzan*. Des auteurs disent que ce nom désigne plutôt le *Vice-Roi*, car les reines n'ont pas l'habitude d'aller à la

(1) Dans des vers latins du XIIe siècle, la reine est nommée *Fercia*. Les vieux poëtes français, comme l'auteur du roman de *la Rose* et le traducteur du poëme de *la Vieille*, nomment cette pièce *Fierce, Fierche* et *Fierge*. Ces mêmes termes se trouvent employés dans plusieurs manuscrits du jeu des Échecs, qui sont à la Bibliothèque de Paris. Le roman de *la Rose* s'exprime ainsi : « Car on nhave pas les garçons (ne salue pas, ne dit pas échec aux garçons ou pions, etc., etc.), fols, chevaliers, fierges ni rois. » Le traducteur du poëme de *la Vieille* dit, en décrivant les Échecs : « En deux parts, voir sept pourrés roi, roc, chevalier et auphin, fierge et peon, etc., etc. » ; et il dit ailleurs : « La royne que nous nommons fierge tient de Vénus et n'est pas vierge, aimable est et amoureuse, etc., etc. »

Ces mots de *Fierge, Fierche* et *Fierce*, ou *Fiercia*, sont des corruptions du latin *Fœrcia*, qui lui-même vient du persan *Ferz* ou *Fierzin*, qui est en Perse le nom de cette pièce, et signifie un ministre d'État, un vizir. Du nom de *Fierge* on a fait celui de vierge, *virgo*, et puis celui de *Dame* et de *Reine*. Le goût dans lequel on était de *moraliser* toutes sortes de sujets dans les

guerre. C'est lui le premier dans le royaume, et le Roi et lui sont la gloire de l'État. Chacun d'eux a trois princes ou chefs de haut rang qui doivent le servir, soit par leurs avis, soit par leur courage à la guerre.

Le nom du premier, en langue persane, est *Phil*. Dans la langue de nos docteurs (hébreux), on le nomme aussi *Phil*, c'est-à-dire *Éléphant*. On sait que les Orientaux avaient des éléphants sur le dos desquels ils plaçaient des tours quand ils allaient au combat.

XIIe et XIIIe siècles fit regarder le jeu des Échecs comme une image de la vie humaine. De là vinrent tous ces écrits en diverses langues, dont quelques-uns ont été imprimés, mais dont le plus grand nombre est demeuré manuscrit dans les bibliothèques. Dans ces écrits, on compare les différentes conditions avec les pièces du jeu des Échecs, et l'on tire de leur marche, de leur nom et de leur figure, des occasions de moraliser sans fin à la manière de ces temps-là. On se persuada bientôt que le tableau de la vie humaine, *speculum vitæ humanæ*, en serait une image imparfaite, si l'on n'y trouvait une femme ; ce sexe joue un rôle trop important pour qu'on ne lui donnât pas une place dans le jeu : ainsi, l'on changea le ministre ou *Ferz* en Reine ; la ressemblance des mots de Fierge et de vierge rendit facile un changement qui semblait d'autant plus raisonnable, que cette pièce est placée à côté du Roi, et que dans les commencements elle ne pouvait s'en éloigner de plus de deux cases. Le poëme de *la Vieille* dit : « Le Roi, la fierge et le peon saillent un point, font un pas. » — (*Voir le discours de Fréret, sous Louis XV.*)

Le traducteur.

Ce nom veut peut-être désigner le chef-commandant des Éléphants.

Après lui vient celui qu'on nomme Cavalier; c'est le chef qui est à la tête de la cavalerie.

Le troisième s'appelle *Roc* ou *Rou'h*, en langue persane. On discute beaucoup sur la signification de ce nom : les uns disent que c'est le nom d'un oiseau d'une taille gigantesque qu'on appelle aussi *Alankâ ;* d'autres, que c'est une tour solide et bien fortifiée (1).

Chacun de ces princes agit au nom du roi ou de la reine, et chacun a un *Fantassin* (*Pion*) qui se tient devant lui.

Si j'entreprenais d'expliquer la forme des pièces de ce jeu, le temps passerait et je ne pourrais en venir à bout. Mais chacun peut les dessiner d'après sa propre inspiration et selon les usages de son pays.

Mais il faut faire deux catégories ; la couleur de l'une ne sera pas la couleur de l'autre : si l'une est noire, l'autre sera rouge, suivant la couleur des cases.

J'ai expliqué la forme de la table, qu'on peut comparer à un champ où la foule des hommes forts vient

(1) Le mot *Rukh*, en langue persane, s'applique aussi à un guerrier, champion. Le Dr Forbes prouve que le mot *Roc* a été adopté par les Italiens, dans la langue desquels *Rocco* signifie forteresse, qui explique la forme et le nom de *Tour*.

Le traducteur.

jouer. Ce champ est divisé en huit rangées de cases alternativement rouges et noires. Vous tournerez la table devant vous de telle sorte que la première case de la première rangée à votre droite soit rouge. Alors vous prenez le Roi rouge et vous le placez au centre de son royaume, sur la quatrième case, qui est noire ; vous placerez la Reine sur la cinquième case, qui est rouge, vous rappelant bien cette règle, que la Reine doit toujours être sur une case de sa couleur. Vous placerez l'Éléphant du Roi à côté du Roi, sur la troisième case, et l'Éléphant de la Reine près d'elle, à la sixième case. La place du Cavalier du Roi sera sur la deuxième case ; celui de la Reine se placera sur la septième. *Roc'h* sortira et viendra tendre ses embûches à chaque angle, sur la première case et sur la huitième. Les huit Pions seront tous au second rang, chacun devant son maître pour le servir et combattre avec lui. Votre adversaire disposera à l'autre extrémité ses pièces dans le même ordre. Armée contre armée ; un des partis combattra ici, l'autre parti combattra là.

Voici le chemin qu'ils doivent prendre dans leurs mouvements d'après les règles de ce jeu, ses lois, les lois des *Mèdes* et des *Perses* ; et personne ne les transgresse, ne les altère, ne les change ; mais chacun remplit ses fonctions suivant l'ordre qui lui est désigné.

Quand les Pions marchent les premiers, celui qui

commence est le Pion de droite : ils vont droit devant eux, de case en case, mais ils ne reviennent pas sur leurs pas ; au début, ils ont le privilége de franchir deux cases (d'un seul coup), et s'ils veulent prendre une pièce, ils s'élancent à droite ou à gauche.

Rou'h suit la ligne droite. Il va partout où il veut, à moins qu'il n'y ait un obstacle qui le sépare du point où il veut aller.

Le Cavalier monte sur un char bondissant; il saute et s'élance au-dessus de la tête des guerriers, devant et derrière; il franchit un rang de cases et se place sur le suivant, en se tournant à gauche ou à droite, sur la case la plus voisine, mais de couleur différente de celle qu'il vient de quitter.

L'Éléphant amène la terreur; il passe sur toutes les cases en marchant en diagonale, tant qu'il ne se trouve aucune pièce entre la case où il est et celle où il veut aller ; jamais il ne change de couleur.

La Reine, chargée du soin de défendre son maître, a le droit de marcher comme il lui plaît. Tout chemin lui est bon, à la condition toutefois de ne pas changer la couleur de sa case et de ne pas sauter comme le Cavalier.

Le Roi se tient en tête de son royaume et ne franchit qu'une case à la fois; il ne sort de son palais à aucun moment, excepté quand la nécessité l'y pousse; et si un ennemi, en s'avançant suivant les lois de cette guerre, arrive près de lui, il peut alors le prendre et se mettre à sa place. Ou si un de ses guerriers, sur le point d'être pris, peut atteindre une case près de lui et recevoir son aide et sa délivrance, il ne compromettra pas l'existence de son maître. Pour que son esprit ne se laisse pas entraîner violemment contre son ennemi, le Roi doit se tenir sur ses gardes, de peur qu'en frappant son ennemi, il ne trouve une embûche sur son chemin Dans ce cas, il doit quitter sa place et attirer sur lui tout le danger.

Le véritable sage observe l'avenir, il examine tous les chemins qu'il peut suivre ; il pèse comme avec une balance la valeur et la marche de tous les princes qui combattent ; il sait celui qu'on doit préférer, soit pour porter secours, soit pour d'autres besoins, afin de ne pas laisser périr même un seul des guerriers.

Je n'ai pas besoin de répéter que le Roi est grand, qu'il domine tous ses sujets et qu'il a le pouvoir de les secourir et les délivrer ; mais ses princes et ses serviteurs ne le laissent pas sortir : car il vaut autant que *dix mille d'entre eux*, et s'il mourait (s'il était pris), son adversaire demeurerait en possession de toutes ses forces et la guerre serait terminée.

Parmi tous les guerriers qui accompagnent le Roi, la Reine est préférée à tout autre, car sa marche est une *route pleine de douceur*. Elle a la force et le pouvoir de montrer sa valeur plus que tous les princes qui sont avec elle.

Après la Reine vient Rou'h, qui l'emporte sur les autres par la vaillance et par le nom. Combattant, il vole tour à tour aux quatre faces du camp, soit pour secourir les soldats de son maître, soit pour prendre ses ennemis.

L'Éléphant est préféré au Cavalier pour sa dignité et sa vaillance; mais comme il ne marche qu'obliquement sur les cases d'une même couleur, et ne peut se détourner ni en deçà ni au delà, ni même, comme le fait le Cavalier, venir offrir ses services au Roi, les soldats doivent une plus grande obéissance au Cavalier qu'à l'Éléphant.

Nous voici arrivés au Pion, au fantassin. Si par ses efforts celui-ci a pu s'avancer assez pour placer sa tente sur la dernière rangée, où le Roi ennemi et ses princes sont retranchés, alors son souverain le fait régner à la place de la Reine. Si celle-ci est encore en vie, il est alors le premier général de l'armée, remplaçant l'un de ceux qui sont morts à la guerre. Telle est sa récompense.

Les guerriers abattent tous leurs ennemis, quels qu'ils soient; cependant ils ne s'élancent jamais contre le Roi, même quand celui-ci marche sur eux. Ils lui rendent hommage, et quand le Roi est forcé d'agir contre les agresseurs qui le serrent de près, ils lui disent : *Shâh*, ce qui veut dire : O roi, prends garde à toi et défends-toi courageusement. Et bien qu'il ne doive changer de route ni s'avancer autrement que case par case, à l'heure du danger, s'il aperçoit quelque place vide, soit entre son *Rou'h*, soit entre celui de la Reine, il peut marcher vers la case de l'un d'eux, et Rou'h se tiendra près de lui, pareil à un mur d'airain solidement établi. Si pourtant, assailli de toutes parts et mis dans l'impossibilité de se mouvoir, soit à droite, soit à gauche, il ne peut échapper à ses ennemis, il recevra deux fois l'avertissement *Shâh-mât*, c'est-à-dire : Le Roi est mort, ou Le Roi est frappé de démence. Aussi ne tarde-t-il pas à mourir, occasionnant un désastre complet.

Au vainqueur appartiennent l'honneur et la gloire d'avoir prévalu contre tous ses ennemis.

APPENDICE.

CONSEILS GÉNÉRAUX

DANS LE JEU DES ÉCHECS.

Le jeu des Échecs est une image de la guerre, puisqu'il imite toutes les différentes manières de combattre, soit pour l'attaque, soit pour la défense, soit pour la disposition habile des troupes. On doit donc agir comme un bon général en bataille rangée. Il poste avantageusement son armée ; il a soin non-seulement de s'assurer qu'elle est en bonne défense et en bonne disposition, mais encore il est toujours prêt à prendre l'offensive aussitôt qu'il y aura lieu de le faire, en tâchant toujours de frapper sur l'endroit le plus faible de l'armée ennemie; il en est de même pour les Échecs.

La manière la plus sûre et la plus prudente de jouer est donc de pousser les Pions avant les grosses pièces, en réservant ceux qui sont nécessaires à la garde du Roi. Ensuite on fait sortir les pièces de manière que l'une soutienne l'autre; puis on examine par où il faut commencer l'attaque.

On doit toujours avoir soin de ne pas mettre ses pièces sur une case où l'adversaire puisse pousser un Pion, à moins qu'on n'ait vu d'avance si l'on peut en tout cas avancer sa pièce à une meilleure place, autrement on serait obligé de reculer, ce qui retarderait la victoire.

Avant de faire mouvoir une pièce, il faut examiner avec attention si quelque coup n'est pas préparé par l'adversaire, afin de pouvoir bien assurer ses pièces contre les surprises. Mais si l'on n'aperçoit aucun danger, on cherche par où attaquer.

Il faut toujours avoir soin d'éviter les *échecs* au Roi ou à la Reine à découvert, et quel que soit le nombre de pièces ou de Pions qu'on peut prendre, il faut tout d'abord songer à préserver le Roi et la Reine.

Il ne faut pas prendre un Pion avec un Fou ou quelque autre pièce vis-à-vis de son roi, parce que l'adversaire profiterait de l'occasion pour le remplacer par sa Tour ou par sa Dame, et on ne pourrait plus retirer la pièce sans la perdre, attendu qu'on ne saurait exposer le Roi. On perd souvent des pièces par cette façon de jouer. Quelquefois aussi, en éloignant sa Dame du jeu pour aller prendre un Pion, on donne à son adversaire l'occasion de faire avancer sa Reine, de donner échec en prenant des pièces. Il en résulte quelquefois une suite d'échecs qui remet la partie.

Il ne faut pas non plus manquer l'occasion de *roquer*, même en perdant un Pion; car un Pion ne vaut pas une bonne position.

Au reste, les meilleures leçons consistent dans la pratique, que l'on acquiert surtout en jouant avec des joueurs habiles.

[illegible]

STATUTS DU JEU D'ÉCHECS.

I. POSE DES PIÈCES.

1er RANG : Tour, Cavalier, Fou, Reine, Roi, Fou, Cavalier, Tour.

2e RANG : Les huit Pions se rangent à côté les uns des autres, devant chaque pièce un Pion.

N. B. La Reine se pose sur la case de sa couleur, par exemple, la Reine blanche sur la case blanche et la Reine noire sur la case noire.

II. LA MARCHE DES PIÈCES.

Le Pion. — Le Pion avance droit devant lui. Il a la faculté, quand il part de sa place primitive, de faire deux pas d'un seul coup, c'est-à-dire avancer de deux cases ; mais, une fois éloigné de sa première place, il ne peut plus avancer que d'une seule case à la fois, sans pouvoir jamais reculer.

Il prend obliquement, en avant, à droite ou à gauche,

indistinctement Pion ou pièce qui se trouve ou qui vient se placer sur une des deux cases que sa marche ou que sa position défend : il se met à la place de la pièce ou du Pion qu'il a pris.

Tout Pion parvenu sur le premier rang de l'adversaire, sur une case quelconque, se change en une pièce à son choix : Reine, Tour, Cavalier ou Fou. Ordinairement, chez la plupart des joueurs, le Pion ne se remplace que par une des pièces perdues déjà. Si on a toutes ses pièces, le Pion arrivé à la huitième case reste inactif jusqu'à ce qu'on ait perdu une pièce.

Le Roi. — Le Roi ne fait qu'un seul pas, mais dans tous les sens. Il prend toute pièce ou Pion qui se trouve à côté de lui et se met à la place. Le Roi peut être pris par toutes les pièces, même par un Pion, mais il faut annoncer en voulant le prendre.

Tant que le Roi et la Tour n'ont pas bougé de leurs places respectives, et s'il n'y a pas de pièces qui les séparent, on peut faire avancer le Roi de deux pas vers la Tour ou faire passer celle-ci à l'autre côté du Roi, en lui donnant la case qu'il vient de traverser, ce qu'on appelle *roquer*. On ne peut pas *roquer* lorsque le Roi est en échec.

Le Roi est la seule pièce qu'il faille prendre pour gagner la partie.

Le Roi est quelquefois *pat*, ce qui fait partie nulle

ou remise; cela arrive lorsque le Roi se trouve seul sur l'échiquier et dans une position telle que, n'étant pas en échec, il ne puisse plus jouer sans se mettre sous l'échec d'une pièce adverse. Il peut aussi être *pat* avec des Pions et des pièces qui ne peuvent plus se mouvoir; mais jamais, ni dans l'un ni dans l'autre cas, tant que les pièces ou les Pions peuvent agir, car alors on les oblige à jouer.

LA REINE. — La Reine réunit la marche de la Tour et celle du Fou : elle peut se mouvoir partout, en avant, en arrière, horizontalement, perpendiculairement. Elle avance et recule, franchit toute la longueur des lignes, lorsque rien ne s'y oppose. C'est la pièce la plus importante du jeu.

LA TOUR. — La Tour ne peut aller qu'en ligne droite ou carrée, mais dans toute longueur, en avant et en arrière, sur les cases parallèles et perpendiculaires de l'échiquier. C'est la pièce, après la Reine, la plus puissante.

LE FOU. — Le Fou avance obliquement et peut s'arrêter dans chaque case diagonale de la ligne qu'il occupe, quand aucune pièce ou Pion ne s'y oppose. Ils marchent en avant et en arrière, l'un sur les cases blanches, l'autre sur les cases noires.

LE CAVALIER. — Le Cavalier saute diagonalement dans tous les sens, en tombant sur une case adjacente mais d'une couleur contraire à celle qu'il vient de quitter , sans même faire attention aux pièces ou Pions qui se trouvent près de lui ; c'est-à-dire, il peut sauter par-dessus tout ce qui l'entoure. C'est aussi la seule pièce dont on ne puisse parer l'échec qu'en jouant le Roi , si elle ne peut être prise.

III. LA PRISE PAR LES PIÈCES.

La Reine, la Tour , le Fou et le Cavalier peuvent prendre toute pièce ou Pion qui se trouve sur leur chemin , d'après leur propre mouvement, où ils peuvent se transporter sans obstacle.

FIN.

7249 — Paris, impr. de Jouaust et fils, rue Saint-Honoré, 338.

מעדני־מלך

צחוק שַׁאף

עם החרוזים

לחרב אברהם אבן־עזרא ז״ל

וּמליצה צחה אשר חברה

ר׳ בון שניור אבן־יחיא ז״ל

עם העתקה והגהות כלשון צרפת

מאת

ליב בן דוד האללאנדערסקי

פאריס

<table>
<tr><td>אצל בן ברור קרעהאנג
ר׳ ג׳ ד׳ דכ שזארדעט No 9.</td><td>אצל בן ברור קרעהאנג
ר׳ ג׳ ד׳ דכ שזארדעט No 9.</td><td>אצל המעתיק
פאבורג סיין דיני .No 175</td></tr>
</table>

תרכ״ד

מעדני-מלך

צחוק שאַך

מעדני־מלך

צחוק שַׁךְ

עם החרוזים

להרב אברהם אבן־עזרא ז״ל

ומליצה צחה אשר חברה

ר׳ בון שניור אבן־יחיא ז״ל

עם העתקה והגהות בלשון צרפת

מאת

ליב בן דוד האללאֶנדערסקי

Noirs

פאריס

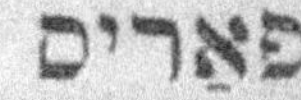

אצל המעתיק | אצל בן ברוך קרעהאנ׳
פאבורג סיין דעני № 172. | ר. נ. ד. דעגאאראבּ. № 9.
תר״כד

הקדמה

מכל מיני השחוק אשר המציאו בני האדם להתענג
בהם, השׂאַךְ יש לו יתרון מרוב החכמה, עומק הרעיון,
ומרבית האופנים הנמצאים בו —, ובעבור זה היה משׂנות
דור ודור שׂשון רוחניי לחכמים ואנשי השם · משׂכילים
מפוארים כלייבניץ ועולר (Leibnitz, Euler) חפשׂו בחכמת
החשבון דעת לגלות מצפוני שחוק זה, וכראותם יופי
תהלוכותיו העצומות למאוד, ויתאמצו לכנותו בשם
חכמה (Science).

ראשית המצאת השׂאַךְ נסתרה בליל העתים, ודעות
שונות עברו עליה, כמו לאָפֿעז דער סעגורא, דאָמיניקאָ
טאָרסיאַ, סאַרדאַזיז, פֿרערע (Frérel) סופר כנסת החכמה
אשר בצרפת (Académie française), וזה האחרון חרץ אומר

בפני המלך לודוויק הט"ו משחוק השאַך אשר בו התעלם
המלך בילדותו : בראשנה דמו כי מוצאתו ממלחמת
טרויא (Troie) על ידי פּאַלאַמֶד אחד משרי צבא יָוָן אשר
עזר ביותר לחרבן פריאַם, אחרי כן חשבו כי היה המצאת
הרומיים, אכן פֿרערע הנ"ל השכיל להוכיח בדברו אשר
זכרנו, איך שחוק אנשי חיל (טרוקולי) והאבנים
(קאַלקולי וסקרופּולי) נבדלו במינם משחוק השאַך,
כמו שזה האחרון אין דמיון לו עם שחוק הדאַמען,
מאַרעל וקוביא. — ובאמת כבד מאוד להעמיק על יום
הולדת השאַך ; ואמר מחבר זה הספר מֵעֲדַנֵי־מֶלֶךְ
(אשר לקחנו להעתיקו): "חפשתי במצפוני ספרי הקדמונים
" אשר באו לידי הן יונים, רומיים, ערביים, פרסיים,
" ושאר העומות אשר לא מבני ישראל המה לקטתי
" ואספתי והביאותי את כל אשר דברו, כי דעותיהם
" שונות : זה אומר בבה וזה אומר בכה, ואני אכריע
" ביניהם „ וכו' • עם כל זה ברור הדבר אשר החודיים,
אנשי חנא, ועמים אחרים מארצות המזרח ידעו כבר
שחוק השאַך • התלמוד (מסכ' כתובות דף ה') דבר
משחוק זה (עיין רשב"ג ורש"י) • — ספורי שולחן
הסביב (Tables rondes) יענו לנו איך רוכבי המלך אַרטהור
שחקו בו תמיד, וכן עשו שנים עשר פרחמי צרפח ושרי
קאַרל הגדול (Charlemagne) • דברי הימים הודיעו לנו
איך הסאַרזים (Sarasins) החכימו בו • הנשיאה אַנאַ
קאָמען במכתבה אודת אביה אלעקסיס (במאה הי"ב)
תדבר משאַך ותכנהו בשם זאַטרישיאַן •

בימינו שחוק זה הנכבד רצוי בעיני אנשים גדולים
וחשובים, קדקדים מלאו חכמה, רוחי דעת ובינה, אף
ראשים מעוטרי נזר, יבהלו הרגעים אשר בם ינוחו
מעבודות הממשלה ומשפט העם, במתק שחוק זה, ונוכל
לאמר כי השאַך הוא מסגר הלימודים, ואות התבונה
לכל יודעו.

ספרים טובים ונודעים נתחברו בעננגלאַנד, צרפת
ואשכנז בדבר שחוק השאַך: פֿ. אַלייע בקבוצות מחברתו
יזכיר כי ש״ק מחברים דברו משאַך, ויוסיף להגיד כי
תרי״א ספרים נכברים מזה הענין בלשונת רבות (י״א בלשון
עברי) מן מאה הי״ב עד מאה הי״ט לנוצרים.

ויען כי בימינו ניתן כבוד רב לשחוק השאַך, עלה
על לבי להעתיק ספר מעדני־מלך בלשון צרפת ולהגש
אותו מול פני הקורא, לא למען הלל מליצתו הצחה,
כי אם לאשר חברוהו שרי ישראל הם אבן עזרא ואבן
יחייא, שני רבנים גדולים ויקרים ממאה הי״ב, ולשברון
לבי אודה כי אן דמיון להעתקתי הצרפת אל פאר מליצת
העברית, יען כי לשון העברית הכלל בקיצור מאמרים
רעיונים שונים, וזה דרך שפת תורת ה' העמוקה מאד
לא תוכלו לשנות אחרות תת פתשגן נבון לה, וילאה
כל איש להעתיקה מבלי שנוים רבים; אכן עשיתי כל
המוטל עלי, עמלתי לבאר כל שורה כמשפטה, והמאמרים
קשים פרשתי בבאורים מתחת הדף, לא נחתי ולא
שקטתי בעמל זה הרב, ובטחוני כי יודעי שפת עברית
כאשר יראו בעיניהם מחברת העבריית נצבה מול

ההעתקה, יבינו כמה יגיעה ועבודה רבה היתה לי לאשר
ולקיים שתי הלשונות .

למען יוכל הקורא להכיר איך מעט מועיר נשתנו
דרכי שחוק השאך מן דרכיו במאה הי״ב, ערכתי בסוף
הספר דיני השאך הנוהגים בימינו .

מי יתן והיה ספר זה הקטן רצוי להקורא, והיה גם
זה שכרי .

יהודא־ליב בן דויד האָללאַנדערסקי

אלה שמות חלקי הצחוק שהדמת׳ עם מדרגתם ומקומם
ע״פ הרב אברהם אבן־עזרא ז׳ל :

———

8	7	6	2	1	3	4	5
רוח	פרש	פיל	מלכה	מלך	פיל	פרש	רוח
(Tour)	(Cavalier)	(Fou)	(Reine)	(Roi)	(Fou)	(Cavalier)	(Tour)
רגלי	רגלי	רגלי	רגלי	רגלי	רגלי	רגלי	רגלי
Pion	Pion	Pion	Pion	Pion	Pion	Pion	Pion

———

ע״פ המחבר מעדני־מלך :

1	3	4	5
מלך	משנה־המלך	יועץ־המלך	שר־צבאות
(Roi)	(Vice-roi)	(Conseiller royal)	(Généralissime)

8	7	6	2
אמרכל	כהן־משוח־למלחמה	סגן	כהן־גדול
(Commandeur des places fortes)	(Sous-Ségan)	(Ségan)	(Pontife)

וכושים בקרב פשטו ידיהם

אדומים יצאו אל אחריהם

והרגלים יבואו בתחלה

למלחמה לנוכח המסלה

והרגל יהי הולך לנגדו

ואת אויבו יהי נוטה ללכדו

ולא יטה בעת לכת אשוריו

ולא ישים פעמיו אחריו

ואם ירצה ידלג בתחלה

לכל־עבר שלושה במסלה

ואם ירחק וינוד מזבולו

ועד טור השמיני יעלה לו

כמו פר״ז לכל־פנים יהי שב

וממלחמתו כמלחמתו תחשב

והפר״ז יהיה מניח פסעיו

ופסעיו לארבעת רבעיו

והפי״ל בַּקְרָב הולך וְקָרֵב

והוא נצב עלי הצר כאורב

כמו פר״ז הליכתו אבל יש

לזה יתרון למה שהוא מְשַׁלֵשׁ

והסוס בקרב רגלו מאוד קל

ויתהלך עלי דרך מעוקל

עקלקלות דרכיו לֹא סלולות

בתוך בתים שלושה לו גבולות

והרוח יהלוך מישור בדרבו

וּבַשָּׂדֶה עֲלִי רָחֲבוּ וָאָרְכּוּ
וְדַרְכִּי עֲקַשִּׁים לֹא יְבַקֵּשׁ
נְתִיבוּ מִבְּלִי נִפְתָּל וְעִקֵּשׁ
וְהַמֶּלֶךְ מְהַלֵּךְ עַל צְדָדָיו
לְכָל־רוּחוֹת וְיַעֲזוֹר אֶת עֲבָדָיו
וְיִזָּהֵר בְּעֵת שִׁבְתּוֹ וְצֵאתוֹ
לְהִלָּחֵם וּבִמְקוֹם תַּחֲנוֹתוֹ
וְאִם אוֹיְבוּ בְּאֵימָה יַעֲלֶה לוֹ
וְיִגְעַר בּוֹ וְיִבְרַח מִמְּקוֹמוֹ
וְאִם הָרוּחַ בְּאֵימָה יֶהְדָּפוּ
. . . .

וְיֵשׁ עִתִּים אֲשֶׁר בָּרַח לְפָנָיו
וְעִתִּים יֵשׁ לְכֶתֶר לוֹ הֲמוֹנָיו
וְכֻלָּם הוֹרְגִים אֵלֶּה לְאֵלֶּה
וְזֶה אֶת זֶה בְּרוֹב חֵמָה מְכַלֶּה
וְגִבּוֹרֵי שְׁנֵי הַמְּלָכִים
חֲלָלִים מִבְּלִי דָמִים שְׁפוּכִים
וְעִתִּים יִגְבְּרוּ כּוּשִׁים עֲלֵיהֶם
וְיָנוּסוּ אֲדוּמִים מִפְּנֵיהֶם
וְעִתִּים כִּי אָדוֹם יִגְבַּר וְכוּשִׁים
וּמַלְכָּם בַּקֶּרֶב הֵם נֶחֱלָשִׁים
וְאִם מֶלֶךְ יְהִי נִתְפַּשׂ בְּשַׁחְתָּם
בְּלִי חֶמְלָה וְיִלָּכֵד בְּרִשְׁתָּם
וְאֵין מָנוֹס לְהִנָּצֵל וּמִפְלָט
וְאֵין מִבְרָח לְעִיר מָצוֹר וּמִקְלָט

וְעַל־יְיד־צָר יהי נשפט ונשמט
ואין מציל ולהרג יהי מט
וחילו בעדו כולם ימיתון
ואת־נפשם פדות נפשו ישיהון
וחפאדתם כבר נסע ואינם
בשורם שכבר נגף ארונם
ויוסיפו להלחם שניה
ויש עוד להרוגיהם תחיה ·

תַּם

עוד מליצה צחה על צחוק השָׁאֵק חברה תפארת המליצים
ר' בּוֹן שנִיוֹר אַבֶּן יחְיָא ז"ל ·

בראשית ממלכת החילים העומדים לפניך מלך ביפיו
תחזינה עיניך הנו נצב בראש כל צבאיו יריע אף יצריח
יתגבר על שנאיו בעוצם ידו וגבורתו ישען על ביתו בית
רביעי מכון לשבתו ותהי ראשית ממלכתו נצבה שגל
לימינו ויתן חנו ולפניהם שני פָּרָשִים נכונים סוסים מזוונים
ושני פילים מימינים ומשמאלם ושני רוקים מִשֵׁני עבריהם
המה נסיכיהם ושריהם אשר כח בהם ולפני אלה שנים
אחרים מקומם לא נעלם המה הגבורים אשר מעולם
אלה הם מושבותם ודגלי מחנותם למשפחותם לבית
אבותם :
ועתה נרוה דודים ונתתי לך מהלכים בין העומדים
אשים לך מסע החיל הזה ודברי בשפה ברורה משיב
מלחמה שערה :
המלך ללכת מבית לבית ממשלתו אחת היא דתו בין
באלבסון בין ישר במרוצה כל אשר חפץ עשה ולא ירום
לבבו להרחיב צעדיו במלחמה פן ימות במלחמה :
ובתי הפילים אשר בהם הולכים בלי מעד שלשה המה

מטיבי צעד ולולי בשלושה בתים דרך עקלתון להם לא

ירעו ולא ישחיתו הנה אלה נסעו מזה ומלאכתם נגמרה:

והפרשים שות שתו השערה כל־אחד חגור כלי מלחמ'
הוד נחרו אימה בית אֶחָד באלכסון בקומו ובית שני
טרם יעמוד במקומו שם ישר נוכח עמו:

ולפני הרוקים מהלכם יכשר יש דרך ישר תנועה אחת
לארבעתם לא יסובו בלכתם כל־הדרך אשר לפניו ילך
כל־אחד אם בכוח יגבר ואין דובר אליו דבר רק אם
אחד מן השרים ועבדי המלך יעמוד לפניהם אין כח להם
לעבור עליהם לא מהמונם ולא מהמתם מגבול אשר
עדין ילך כל־אחד מלבדו ואף־גם־זאת כמה גדול כוחו
כי לפעמים אחד מן צעירי החיל יקחנו בשלום שמר
יבואנו:

והמלך כעל מלחמתם אין שוה לעמוד בקצה הדרך
לעומתם וללכת שם לא ינסה לא יראה ולא ימצא זולתו
בהיות לפניו אחד העם למגן ולמחסה וגויה מגבר יכסה
ואם יקום ויתהלך בחוץ על משענתו אחרי הראותו,
והמלך קם בחמתו ילך ויסתתר אחרי הגדר והמחיצה
וינס ויצא החוצה:

הנה נא ערכתי לפניך אמרי שפר להדריך ולהופיע
מקום אשר דבר המלך ודתו מגיע ובאנשים אלה הנגשים
הלא כתבתי לך שלישים והדרכתיך בעומק השחוק
ראשו ורובו ובל אשר לבן בו ולא נפקד מהם עד אחד
אשר לא כתבנו:

כי אם אשה עצורה לנו יען כי בשבתה בראש מרומים

עלי קדת תומיה היא וסוררת ללכת תחגור מעוז מתניה
בביתה לא ישכנו רגליה הולכת בתים בכל עבר ופנה
סביבותיה נראו שלשה המה נפלאו ואחרי כי הרבתה
למלאות בראשונה מאוייה כמה נאות פסיעותיה מבית
לבית באלכסון הליכתה אשה אל אחותה :

והמלך לבוש הבגדים השחורים בבית רביעי לבן לקצת
מזה זה לעומת זה זוגו עומדת אצלו משמאלו בבית אפל
נגש אל הערפל יען עינו אליה לא יפקח כי אשה כושית
לקח ואין הפרש בניהם בבואם לקראתך בדרך אחד יצאו
אליך בהלוך אחד ומסע אחד כמות זה כן מות זה משמן
בשרם ירזה רק השחור יגדל בהיות לפניו עם גדול ורב
נמרץ הולכים כעבדים עלי ארץ נוסעים חבלות חבלות
ועפילו לעלות מדלגים מבית לבית בגבורה ורגליהם
רגל ישרה ואם לשלול שלל ולבוז בז להם חפץ ורצון
ילכו בית אחד באלכסון :

ויש מהם ירבה אונים ויוסיף חיל אז ידלג כאיל והלך
אל מחוז חפצו ובא עד קצו שם יקל מנשרי שמים ואץ
ברגלים ועשה כאשר נפשו חפצה כל מלאכות שהאשה
עושה :

ושניהם המלכים עושים כזבים להרוג מטים מלך אסור
ברהטים וכשבת המלך על מושבו ויצוהו אחד מעבדי
אויבו לצאת מגבולו אל כל עבר פן יפגעו בְּדֶרֶךְ ואם
לצאת מביתו ומקום התחנותו רצה ויחפש ולא מצא כי
אנשי החיל ללכדו נצבים עליו שולח רשת לרגליו אז
נהפך למשחית כבודו הוי אדון והוי הודו ועמו נשאר

אחריו לאפם ותוהו כי במה נחשב הוא ויש פגע אחד
בו ישחת רום אנשים וישפל ידכה ישוח ונפל עת מלך
ריבו אותו מגדולתו הוריד עד בלתי השאיר לו שריד או
ממצבו ויקרן נהדף ונבחר איכה ירדוף אחד זה נשאר
בכבוד ושררה וזה ימות בנפש מרה בך יאבדו כל אויבי
הגביר ודורשי רעתו ואוהביו כצאת השמש בגבורתו ·

חתם ונשלם

כד הוינא זוטרי לגברי, השתא דקשישנא לדרדקי.

אזכרה ימים מקדם זה לי שלושים שנה בימי חרפי
מקדמוני בתוותי שוקד על דלתי הלימוד להורה ולתעודה
ללמוד וללמד, וכל ימי גודלתי בין החכמים, ושמתי
חלקי מיושבי בית המדרש, ועד הנה עזרני אדוני, ונתן
לי מהלכים בין העומדים האלה עמודי העולם אשר הביא
בית ישראל נכון עליהם להורות לבני עמי את הדרך
ילכו בה זו היא דרכה של תורה, תורת אדוני תמימה
מחכימת פתי, ובכל־זה נסיתי בחכמה כי הן יראת אדוני
היא חכמה וסור מרע בינה:

וסבותי אני בימי בחורתי לתור ולדרוש את סבורת
הזמן מראש ועד סוף, ובחנתים בכור הבחינה בחינת עולם
באבן בוחן וצרפתים כצרוף את הכסף, ומצאתים הבל
הבלים שאין בו ממש כסף סיגים מצופה על חרש נחשבו
לנבלי חרש בהם יוקשים בני אדם כמהר צפור אל פח,
והעלתי על ספר כתוב עלי את כל תחבולות ומזמורת
העולם השפל הזה כי מרמות ותוך תחת לשונו בהזכירי
חרפת הזמן וטובו לשחוק אמרתי מהולל חלילה וחולין
הוא לך ולשמחת השמחים ללא דבר אחריתה שמחה
תוגה ושמתי מגמתי להבין בין טוב לרע ולהבדיל בין
קודש לחול למען ידע הנער והוקן כל העם מקצה מאום
ברע ובחור בטוב גם המה יבחרו בדרכי התורה והלימוד
וישמעו החוקים את אשר עשיתי מרחם משחר לי טל

ילדותי תזל כטל אמרתי אמרת אדוני צרופה ואדוני אלהים נתן לי לשון למודים ובארשת שפתי בל מנעתי לדבר צחות , וכל האנשים הרואים את תפארת הספר נותן אמרי שפר , המה יראו כן יתמהו על אשר לעת כזאת אשר זקנתי לא ידעתי יום מותי באתי לכתוב ולחבר ספר ללמד חכמת הצחוק ולספר בשבחו , ומה קול השאון באזני וקול מילין אשמע ופום ממלל רברבן אתה הוא חותם התבנית כליל יופי אשר יָשַׁבְתָּ במושב אלהים לדין עמו עם בני ישראל ותורה יבקשו מפיך איך נהפכת לאיש אחר והודך נהפך עליך נחשברת לנכרי שנתגברו מעשיו ושָׁחַתָ דבריך הנעימים משמחים אלהים ואנשים בכתבך על הצחוק כתובת קעקע וכול השומע יצחק ויאבד זמנו בהבלי העולם ונמצאת מכשיל את הרבים :

ואני בינותי בספרים ועד האלהים הבאתי דבר שניהם והוכחתי ביניהם לא ראי זה כראי זה אין בינותם דמיון ושווי רק כרחוק מזרח ממערב מה לתבן את הבר זה כולו אומר קדוש וזה כל אשר בתוכו יטמא זה יכתוב ידו לאדוני וזה כולו חנף ומרע אשר טמאה ואמרת בנעורתך טהרת והתרת בזקונתיך כמטהר את השרק אמרתי ימים ידברו ורוב שנים יביאו חכמה ולא כזקני עם הארץ כל זמן שמזקינים דעתם מטורפת מהם :

ועתה אבי תן כבוד לאלהי הצבאות וביום הקהל בבוא כל ישראל להתפלל אל אדוני תקרע את הספר הזה נגד כל העם לעיניהם לשנים עשר קרעים ואינם מאחים

לעולם כי אם כליל לאשים ובערת הרע מקרב ישראל
ולך תהיה צדקה לפני ארני אלהיך :
ובשמעי את קול דבריו הרימותי ידי אל ארדני אל
עליון קונה שמים וארץ כי הוא יודע ועד נאמן בשחק
אם במרד ואם במעל עשיתי כדבר הזה אל יושיעני
ארוני כי הוא יודיע תעלומות לב וישראל הוא ידע את
אשר הלכתי באמת ובלב שלם ולא הלכתי בסוד משחקים
כי אם בתם-לבבי ובנקיון כפי עשיתי זאת ולמען דעת
כל עמי ולהיות נקי מאדוני ומישראל ולכן התעוררתי
ועד העאורתי והיה צדק אזור מתני והאמונה אזור חלצי
ובשפתי אספר הסיבה ועלה ראשונה והכליתית על מה
ועל מה כתבתי זה הספר השני למען תהיה לי לעדה
לדור אחרון כי זך אני בלי פשע : ואתה קורא נעים
שמענה ואתה רע לך : ויהי איש אחד מיוחד ומיוחם
שבדורו איש תם וישר הולך בדרכי התורה והמצוה
לשמור ולעשורת , אהוב למעלה ומכובד למטה אשר
השימוהו לראש לכל דבר שבקדושה בתוך קהל ועדה ,
ולו שני בנים כשתי שתילי זיתים אחים נכבדים ונאהבים
משכילים בכל חכמה ויודעי דעת ומביני בינה אך למעט
את הקטן אשר בצחוק דבק לאהבה והיה דרכו לצחוק
הקלפים כמו חצי שעה אחר כל סעודה וסעודה לנחת
רוח , ואף כי אחיו הגדול הוכיחו בתוכחת אהבה ויהי
כדברו אליו יום יום ולא שמע אליו וירב עמו ויקללהו
ויכהו ולא שת לבו גם לזאת וישנאהו אחיו שנאה גדולה
ולא יכול דבר לשלום , ויהי כשמוע אביהם את הדבר

הרע הזה ויתעצב אל לבו ויבא אלי סר וזעף ויספר לי
את כל הרעה אשר מצאתהו וַיֵבְךְ ויתחנן לי להסיר רעת
השנאה תעורר מדנים בין שני האחים ויאמר : בני הב
אשר נתן לי אלהים ברחמיו וברוב חסדיו בנים גדלתי
ביראת אדוני , למה אשכל גם שניהם יום אחד וארד
על בני אבל שאולה, הביטה וראה היש מכאוב כמכאובי;
ואען ואומר צר לי עליך אחי כי גדול כים שברך ואלהי
השמים ישלח דברו וירפאך ועתה לך איעצך ויהי אלהים
עמך וישם גבולך שלום נקרא לנערים ונשאלה אל פיהם
על מה חרי האף הגדול הקנאה והשנאה והתחרות ,
ואני בכל-כוחי אתאמץ ואשתדל לְתַוְךְ שלום בניהם .
ואשלח ואקרא את הנערים ועת וזמן נתתי להם ולא
יְשַׁנּוּ את הפקידם והמה באו ויתיצבו לפני ופניהם איש
אל אחיו פנים של זעם , ואומר אליהם נשר-נָא אלי
אחים ידידים בחורים כארזים נטע אדוני גם לכולכם
נתן חכמה ודעת, מדוע תבגדו איש באחיו להפר האחוה .
ותשנאו זה את זה חנם ועתה הגידו לי ואדעה בשל מי
הרעה הזאת לכם, ואני טרם אכלה לדבר והנה הגדול
החל ברינה וכדי בזיון וקצף שפך כאש חמתו ובקול
מן שָׁמַיִם הרעים לעומת אחיו הקטון וישא את קולו
ויאמר אֲהָה אדוני קרא שמו לא אחי כי הוא לא אחי
כי אם אח לצרה יולד והימים הראשונים נפלו והזמן
חלף עבר כאשר היה באמנה אתי כרע כאח לי יחדיו
נמתיק סוד סוד אדוני ליראיו בלמדני ספר תורת האלהים
ומצותיו לשמור ולעשות , אהבת עולם אהבתהו אהבה

שאינה תלויה בדבר ונפשי קשורה בנפשו בקשר אמיץ,
ועתה כי השחת השחית את דרכו וסר מהר מן הדרך
דרך הטובה והיושר אשר למדוהו אבותיו ולא עמד
בתומו כי אם הלך לחברה את פועלי און האנשים
הרשעים האלה בנפשותם להתעולל עלילות ברשע
ויאכלו וישתו ויקומו לצחק ככה יעשו כל הימים בקלפים
ובקוביאות ובכל מיני הצחוק אב אבי הטמאות ואלה
הן תולדותיו אלה וכחש ורצוח וגנוב, אוי לה לאותה
בושה אוי לה לאותה כלמה קלון לבית אבי תכלית
שנאה שנאתיו :

עוד זה מדבר וזה נתן את קולו בבכי ויפול מלא
קומתו ארצה בוש ונכלם ותפעם רוחו בקרבו ונבהלו
רעיוניו, ואני כראותי אותו מחריש ודומם ומשתאה כאלם
לא יפתח פיו נכמרו רחמי עליו והעירותיהו בצדק ואומר
אליו קום לך בני, למה זה אתה נופל על פניך, ואף
אמנם שגית וחטאת אם היטיב תיטיב את דרכך לאדני
אלהינו הרחמים והסליחות, וימינו פשוטה לקבל שבים
ושערי תשובה לא ננעלו לעולם וגם כי יש תקוה לאחריתך
יען נמצא בך דבר טוב את אדני אלוהיך המדה הטובה
אשר בה יתפארו גדולי הדור ונקראו ביישנים כני ביישנים
היא המדה המביאה את האדם לידי יראת חטא צניעות
ופרישות וקדושה אשר כולם באבני הבושה הוסד יסודרם
ואתה פתח פיך ויאירו דבריך דבר כי חפצתי צדקך :

ויהי בכלותי לדבר ויתחזק הנער ויעמוד על רגליו וכן
אמר: אמצא חן בעיניך אדוני כי נחמתני וכי דְבַּרְתָּ על

לב עבדך כי על כן ראיתי פניך, כראות פני אלהים

ותרשני לדבר לפניך · אדברה וְיִרְוַח לי, ועתה אבי רכב

ישראל ופרשיו, ראה גם ראה כי הנה אחי מבטן יונק

שדי אמי מבקש רעתי וירדפני חנם וישפוך עלי מרורות,

והנה עד שקר העד שקר ענה באחיו באמרו עלי דברים

אשר לא כן ויאמר הלא מצחק אני כל היום וכל הלילה

ומאבד זמני בדברי הבל והתורה והלמוד וכל מעשים

טובים השלכתי אחרי גוי, ויתן את עבדך כבן בליעל

כאחד הנבלים בישראל העוזבים אורחות יושר ללכת

בדרכי חושך וחלקלקות והנה בשמים עדי ושהדי במרומים

וגם יודע כל שער עמי משערי ציון המצוינים בהלכה

המה יבואו ויגידו צדקתי כי כל ימי לא מנעתי עצמי

אפילו שעה אחת מבית המדרש, אך אלה אזכרה ואשפכה

עלי נפשי אוי לי על שברי נחלה מכתי כי יסור יסרני

יה בחולי רוח אלוהים רעה ובעצבת לב אשר כפעם

בפעם מבעתני זה חולי ואשאנו מלדה ומבטן ואלך מר

בחמת רוחי לחות המרה השחורה הגוברת עלי ולא תתנני

השב רוחי ללמוד ולהתפלל בישוב הדעת ואחרי תפלתי

לאל אדוני הרופא לשבורי לב ומחבש לעצבותם ישלח

דברו וירפאני ויסיר מעלי רק את המות הזה, דרשתי

גם את הרופאים כמאמר התורה ורפוא ירפא מכאן שנתנה

רשות לרופא לרפאות ואיש את עצתו הודיעני במועצות

ודעת, וכן אמרו לי הן רְפָאוֹת תְּעָלֶה תַעֲלֶה לך ואַרוכתך

מהרה תצמח, אם תסיר כעס מלבך והיית אך שמח וטוב

לב, ששון ושמחה ימצא בך ונסו יגון ואנחה, ואם את

הדבר הזה תעשה ובכל יום ויום תתן מעדנים לנפשך
בתת עת וזמן לכל חפץ אשר תשאלך נפשך עת לרקוד
ועת לשחוק הטיבי נגן הַרְבִּי שיר שיר ידידות ובכל מיני
שמחה תעלוזנה כליותיך כי לב שמח ייטיב גֵהָה ואז ינוח
לך וייטבו בעיני דבריהם , ואשר כפעם בפעם חשבתי
איזה דרך אבחר מהם וסוף סוף בררתי את השחוק כי
יש בו מעט אבוד הזמן ובקשתי לי חבר אהוב ונאמן
אשר יצחק עמי בכל יום כמו חצי שעה וגם מצאתי לי
זמן הגון וראוי שלא ליבטל הרבה מלמודי והוא אחר
האכילה יען כי מיד וְתֵכֶף אחר האוכל טרם התעכל
המזון במעים קשה לעיון ולמוד ואמרתי זה עת לשחוק,
ואתה אדוני בשפתי ספרתי וגם בפי הוריתו את כל
הדברים מתחלה ועד סוף כהויתם ממש ואם יש בזה
עון אשר חטא הלמדני רבינו ואבחר מות מחיים ולא
אחטא עוד :

ויהי ככלות הנער לדבר את דבריו החזקתי בו ואחבקהו
ואנשקהו ואמרתי ברוך אתה לאדני בני הטבת לדבר
ולהורות על האמת , ומודה ועוזב ירוחם מן השמים ,
ואל אחיו הגדול אמרתי אל תבהל את רוחך לבעום
כי הבעם מסלק את הדערת· אמת כי ליסר את הבן
מצוה היא וחובה בתוכחת מגולה ואהבה נסתרת ולכן
אל תשלך ידך אל הנער לדרחפו בשתי ידים ולאחיך לא
תשיג בחרון אף רק לפי מיעוט השנים תמעיט מגנותו
ולך איפוא מה אעשה בני , ידעתי בני ידעתי את אשר
לבבך שלם את ה' אלהיך וכונתך לשם שמים , אך ורק

ידוע תדע כי על כל פנים יש איזה צד איסור בשחוק
הקוביאות והקלפים כי המצחקים בהם אף על פי שאין
זאת אומנותם כך הוא כוחו של זה הצחוק שמושך העוז
בחבלי הַשָׁוְא ונדון על שם סופו אמנם כי חכמי הדעת
אמרו כי מן השכל הוא לבחור הרע במיעוטו, לבן לכה
נא איעצך אשר תעזוב שחוק הקלפים והקוביאות ואת
אחיך הפקוד לשלום ושניבם תְּלָמְדו שחוק הנקרא אִסְקָקִי
וּבְתַנאי שלא תצחקו בכל יום יותר מלבד חצי שעה ביום
מלבד ימי חנוכה ופורים וחול המועד כי זה הצחוק יש
בו חכמה וחריפות יען מצאוהו אנשי בינה · ויהי כאשר
שמעו האחים ידידים את דברי ויחבקו וינשקו איש את
אחיו כי גדולה היתה אהבתם · וזאת היתה הסבה והטעם
אשר כתבתי זה הספר להורות להם כללי הצחוק הזה
ויען כי מלכים ושרים להם לבדם נתנה להתעדן ולהתעלם
בזה השחוק קראתי שם הספר הזה מַעֲדַני מֶלֶך ·

ואלה הדברים אשר כללתי בזה הספר הנותן אמרי
שפר ואף אם הוא קטן הכמות הקורא בו ימצא מעדנים
לנפשו :

ראשונה, הבאתי מעלת הצחוק הזה ושהו היותר מעולה
מכל מני הצחוק והתועליות הבאות לאדם ממנו ·

שנית, חקרתי ודרשתי מי היה ממציאו וזמן מציאותו ·

שלישית, בארתי שמותיו כי שמות רבות יש לו ונתתי
טעם לכול אחד ואחד ·

רביעית, ערכתי וציירתי לפניך הלוח אשר עליו הצחוק
יוסד ·

חמשית, בארתי חלקיו וכמה הם מיניו ושמותיו וצורתם
וגם מדרגותם כפי מעלתם ·

ששית, למדתי כפי יכלתי דתי ודיני הצחוק הזה ·
הן אלה כלליה ופרטיה הרבה כאשר יראה הקורא כו:
וזה החולי לעשות

אמנם ידעתי כי כן ולא נעלם ממני כי כל מיני השחוק
הם רעים וכל העוסקים בהם הם אנשים רעים וחטאים
לה' מאוד ונפסלים לעדות משום גזלנים שהם גוזלים
בפרהסיא ונוטלים ממון אחרים שלא כדין ושלא ברצונם
ומפני שמאבדים זמנם בדברי הבל וריק ואינם מתעסקים
בישובו של עולם ומרמות ותוך תחת לשונם וסהדותא
דשקרא רַמָּאָה הוא והנם בוטחים על עושק וגזל וזאת
היא סבת השנאה תעורד מדנים קטטות ומריבות בין
האחים והחברים גם לרבות השחוק הזה שחוק האסקקי
בכל מיני מעלה ושבח כי בהיר הוא בשחוקים צחוק צדיק
תמים ואין בו נפתל ועקש ולא אחד מאלו הדברים
המביאים את האדם לידי עברה כי בונין כללו יופיו
בחכמה ובמוסר ובינה, משל לעם ומדינה ועיר שחוברה
לה יחדיו עיר ויושב בה המשעבדים תחת מלך ושרים
מלך יושב על כסא דִין רַיָן אמת שופט צדק ואמת נשיא
אלהים אשר אין על גביו אלא ה' אלהיו והכהן הגדול
מאחיו כי גם הוא למלך הוכן כי נזר שמן משחת אלהיו

עליו יציץ נזרו ציץ הזהב נזר הקודש והוא הראשון לכל
דבר שבקדושה , ומשרי המלך המופקדים תחת ידו
היושבים ראשונה במלכות משנהו הרוכב במרכבת המשנה
אשר לו רואה פני המלך והוא כמו רעה למלך, והשני
יועץ המלך חכם ונביא לו עצה ותבונה כי לא יעשה
המלך דבר גדול או קטון כי אים יקח עצה ממנו ועל
פיו ישק כל עמו ועצתו כאשר ישאל איש בדבר האלהים,
והשלישי שר צבאו איש מלחמה גבור החיל וחילים יגבר
ויצא ונלחם בגוים כי מלחמות ה' הוא נלחם וחפץ ה'
בידו יצלח, וגם ממנים כהן אחר להיות לכהן הגדול
כמו משנה למלך , הוא הכהן המשנה הנקרא סגן או
ממונה עומד לימין כהן גדול תמיד, והוא משמש תחתיו
כשאראע לו איזה דבר פסול, וכל שאר הכהנים תחת יד
הסגן , ועוד מושחים כהן אחר אשר בעת קרבם להלחם
עם אויביהם ידבר אל העם בלשון הקודש, כי בראותם
סום ורכב עם רב מהם לא ייראו ולא יחפזו ולא יערצו
מפניהם אלא ישימו באלהים כסלם וקוי ה' יחלפו כח,
ושום מוכן ליום מלחמה ולה' התשועה כי אין עמו לעזור
בן רב לאין כח כדברים האלה היה מדבר אליהם הכהן
לחזק ולאמץ את לבם וכדי לזרזם למלחמה והוא הנקרא
כהן משוח למלהמה , ויען היותו נמשח אשר יוצק על
ראשו שמן משחת קודש הוא קודם לכל הכהנים תחת
הסגן , והרביעי הוא אמרכלא אשר מפתחות העזרה בידיו
ופותח ואין סוגר וסוגר ואין פותח והוא הממונה על כל
דבר הבית לנצח על כל מלאכת בית אדוני ונקרא אמר־

כל , כי הוא אוטר ומצוה הכל ומרכל כי הוא אדון רב
ושליט על כולם ואין משיבים על דבריו : אלה השרים
אשר למלך שרי הקודש ושרי האלהים על העיר והקודש,
הם השרים העומדים לשרת לפניו להזות בנועם המלך
ולבקר בהיכלו מלבד שרי הנצבים שרי המדינורת ועדי
המבצר שרי אלפים ושרי מאות שרי חמשים ושרי עשרות
שופטים ושוטרים בכל עיר ועיר כהניה ועם הארץ איש
איש על עבודתו ועל משאו , זרה בכה וזה בכח על
המחיה ועל הכלכלה יצא אדם לפעלו ומתפרנסים זה
מזה , והאלהים ברחמיו ממרום קדישו משגיח עליהם בעין
חמלתו לברך את כל מעשי ידיהם :

ואשר המשל הזה דומה לנמשל בכל דבריו עוד תשוב
תראה כאשר נעריך לפניך כל עניני השחוק המעלה
הזה כי כליל הוא בהדדו ובאשר הנהגה המדינית האלהית
מיוסדת על אדני הצדק והיושר חוקים ומשפטים צדיקים
אשר יעשה אותם האדם וחי בהם גם כן השחוק הזה
שומר סדר הנהגה המדינית על קן היושר במשפטים
ישרים בללים עשויים באמת וישר חוק ולא יעבור בחכמה
ודעת , ועל כן משכילי עם יבינו לשחוק השחוק הזה
אשר כולו שלאבן ושלו ואין מגמת פני המשחקים לחמוד
או לנזול ממון אחרים אלא לחדד את שכלם כי כל
אחד מהם משתדל בכל עוז לנצח את חברו ולמנצח
משכיל התפארת והנצח וההוד ונכנסים בשלום וויצאים
בשלום , ולא כן שחוק הקובייאות והקלפים ההולכים
בחמת קרי כמקרה הבסול , והכל תלוי בהרמת הקוביאות

או בחלקת הקלפים ולא חלק להם בבינה אך חכמים
המה להרע אשר בשלבת הקוביאות משליך עליו בְּצְרָבָה
ובחלקת הקלפים ישית למו חליפות כי כל כונתם להומה
ולרמות איש את רעהו והיא סבת השנאה ביניהם :

והנה הודעתיך כמה מעלות טובות לזה הצחוק על
האחרים ועתה אשים לפניך קצת מן התועליות הבאות
לאדם מן השחוק הזה : וכי תאמר בלבבך מה יסכון גבר
ומה נועיל כי נגע בו : הלא חכמים הגידו לך שאי אפשר
לאדם שיבין וישתכל בחכמות והוא עצב כי לאדם נתן
האלהים חכמה ודעה ושמחה ועל כן יעצו שבכל יום
ויום התלמיד יתעסק מעט בטיול או בשחוק כדי שלמורו
יערב ורוח וטוב לו ולא יהיה עליו למשא כאשר ראינו
הרבה אנשים כי מרוב למורים ועיונם נטרפה דעתם
ונבערה חכמתם כי לא נתגו השב רוחם וריוח לא שמו
בין למודם , והנה הדרשנים המופלגים להמשיך לב
שומעיהם היו מביאים בדרשיותיהם משלים ואגדות כי הם
הם הדברים המשמחים את הלב ומאירים עיני התלמידים ,
ויען כי הצחוק הזה חברווהו אנשי בינה ומדע מושל לקוץ
המדיני בו ילמד אדם יושר וזכות לְדַעַת הנהגת העיר
בכלליה ופרטיה , כי היא חכמה עמוקה עד כי אנשים
חכמים וידועים חברו ספרים משובחים בזה הענין, ומוסרים
אחרים ילמדו כאשר תחזינה עיניך בהצעי לפניך, וכאשר
באתי לחקור ולדרוש אחרי ממציאי השחוק הזה וזמן
מציאותו יגעתי ומצאתי כפי יכלתי והשגת ידי והייתי

בעיני כמגלה עמוקות מני חושך, כי הדבר הזה קשה
להלמו הן מצד קדמותו כי מוצאותיו מקדם ומימי קדם
קדמתו הן מצד חסרון הספרים המדברים בזה, אך אני
חפשתי במצפוני ספרי הקדמונים אשר באו לירי הן
יונים רומיים ערביים פרסיים ושאר האומות אשר לא
מבני ישראל המה, ואני לקטתי ואספתי והביאותי לפניך
את כל אשר דברו כי דעותיהם שונות, זה אומר בכה,
וזה אומר בכה, ואני אכריע ביניהם, ואתחיל בדברי
החכם הגדול ראש הפילוסופים הוא אפלטון אשר כתב
בספרו כי בימי משה רבינו עליו השלום היה חכם אחד
מחכמי המצריים ושמו טעות, אשר ברוב חכמתו מצא
ולמד חכמות הרבה לאנשי דורו, כמו חכמת התכונה
והאצטגנינות הכתב והמכתב עם האותיות וגם בדא מלבו
הצחוק הנבחר הזה צחוק הפספסים, ומפני הפלגת בינתו
ושכלו בני דורו אמרו עליו אין זה כי אם איש אלהים
קדוש וכוד אלוה עלי אהלו המלמדו להועיל לבני אדם
ולמדם ספר ולשון כשדים, על כן קראו את שמו הרמים
כי בלשונם רוצה לומר נביא שליח ואמצעי בין האלהים
ובני אדם, ויש אומרים כי זה משה האיש אשר העלנו
מארץ מצרים כאשר היה מנעוריו בהיכלי פרעה מלך
מצרים כי בתיה בתו אשר כבנה גדלתהו בין חכמי יועצי
פרעה, וגם הוא נתן לו האלהים שכל ובינה לדרוש
ולתור בכל חכמה ותרב חכמתו מחכמת כל בני קדם
ויחכם מכל האדם בחכמת האלהים ועליו זרח ה' וימלא
אותו רוח אלהים ובסתום חכמה הודיעהו תעלומות חכמה

טמוני צפוני כל והתבונן נפלאות אל מופתיו ומשפטי
פיהו והפליא לעשות בקרבם נפלאות אשר לא נבראו
בכל הארץ ובכל הגויים , ויען כי עמו עוז וגבורה כי
גברה ידו על אלהיהם כי גם בהם עשה ה׳ שפטים על
ידו קראו את שמו טעות ועקר הנחת זה השם בלשון
מצריים וכותיים וגם בלשון ארמית הוא אלהי נבר הארץ ·
    וכספר אחר מצאתי כי פְּלָאמֶידִי היוני אחד משרי אנשי
המלחמה אשר הלכו להלחם על טְרוֹיָא העיר הגדולה
אשר חיה במצור ובמצוק עשר שנים והוא היה חכם
גדול והמציא ליונים מקצת אותיותיהם אשר חסרו להם
מן המכתב וגם למד קדרות השמש והלבנה וחכמת עריכת
המלחמה איש על דגלו לצבאותם ולמדה לבני עמו וכדי
לזרום ולהבינם את החכמה המפוארה הזאת הוציא לאור
הצחוק הנכבד הזה כשני מחנות יחנו אלה נגד אלה
וגם כל חלקיו רומזים שרי המלחמה מקטון ועד גדול
כאשר אבאר אליך ·
    אחרים אומרים כי לוד אבי הלודיים הוא ואחיו כאשר
היו במחנה עטופים ברעב ובחוסר כל מצאו מלאבת
הצחוק מינים ממינים שונים וביניהם צחוק דפספסים הזה
ונגמרו אומר כי יום אחד יעברו בכל מיני הצחוק וישבחו
מאכול לחמם ונשבח הרעב בארץ ויום אחד היו אוכלים
ושותים למלאות נפשם כי ירעבו וכן יעשו יום יום עדי
יעבור זעם הרעב ;
    אנשי ארץ הודו מתפאריס עצמם באמרם כי קבלה

היא בידם כי פילוסוף אחד מבני עמם חכם גדול ובקיא
בחכמת התכונה וההנדסה צצה בן דָאהֶר שמו, ברוב
שכלו וברוח בינתו חדש ומצא הצחוק המפואר הזה,
והקריבו לפני בָלְהָיב מלך הודו ואת צורת הצחוק הזה
ותכונתו ומוצאיו ומובאיו ואת כל חוקותיו הודע אותו,
ויהי כראות המלך את יקר תפארת המלאכה ורוב גדולת
שכל המחבר אמר לו, הנה נא ידעתי כי איש חכם
אתה, ראיתי את מעשה ידיך הנעימים, ועתה שאל
מה אעשה לך, העמק שאלה או הַגְבֵהַ למעלה עד
חצי המלכות ותעש, ויען הפילוסוף ויאמר, אם נא
מצאתי חן בעיניך המלך לתת את שאלתי. הנה ערכתי
לפניך לוח הצחוק הזה בנוי ומיוסד על ששים וארבעה
בתים, צרינא את עבדיך הממונים על אוצרות התבואה
אשר ישימו חטה אחת על הבית הראשון, ועל השני
שתים, ועל השלישי ארבע, וכן על כל אחד ואחד
כפלים מן חברו עד סוף כל הבתים והיה שכרי, ויהי
כשמוע המלך את דברי החכם ויכעם עליו ויבז לו בלבו
לאמור כדבר אחד הנבלים תדבר האומנם לא אוכל
בבדיך במהנות גדולות כי שאלת ממני מעט מזער כזה
והיית כשופך בוז על נדיבים מלך כמוני היום הסכלת
לשאול, ויען הפילוסוף ויאמר, אל נא יחר אפך בעבדיך
ואדברה אך הפעם, אחת שאלתי מאת אדוני אותה
אבקש, תנה אותה לי כי היא ישרה בעיני, ואם קטן
יהיה בעיניך והוסיף לי כהנה וכהנה, וירא המלך כי לא
יכול לו ויצו את עבדו נגיד על האוצרות לעשות לו ככל

אשר שאל , ובאשר בא האיש לעמוד על מתכונת החטים
אשר בקש הפילוסוף כי עצמו מֵסַפֵּר חדל לספור כי אין
מספר ובהתבהלה , הלך אל המלך וכן אמר לו יחי
המלך ארוֹנֵנו לעולם לעשות רצונך חפצתי לא עברתי
ממצותיך אך ורק המלך צויתני דבר שאי אפשר לשמוע
יען וביען שאלתי בקציר ואין בכל ארץ מלכותך מסבנות
דגן יספּקו להכיל כל הַחִיטָם אשר שאל ממך כי לֹא
יספּר ולא יִמר כי אם בחכמתו ערום יערים · ויהי כשמוע
המלך את דברי הממונה ויתמה על רוב חכמת הפילוסוף
וישלח ויקראהו אליו ויחבקהו וינשקהו וכה דבר אליו ,
עתה ידעתי כי חכם אתה בחכמת האלהים , על פּיך
ישק כל עמי ואתה תהיה אוכל לחם על שולחני ויתי
עם המלך ויהי לו כרע כאח כל ימי חייו ·

ובספר ישן נושן מצאתי כי חכם אחד מחכמי הפרסיים
חבר זה הצחוק בעבור ארדשיר מלך פרס הוא אחשורוש
כי הוא שם נופל לכל מלכי פרס ואכזר הוא ומי יעורנו
מן המדה הרעה הזאת על כן כון המחבר במשל הצחוק
הזה ללמד סתום מן המפורש על ידי תקון משלים ורמזים
אגמרה בסימני ואסברה בהרמיא ליה להוציא אליו בעניה
למען הפוש אותו בלבו לבלתי ההאבזר על עמו וצאן
מרעיתו רק יצדק מדותיו כפי הראוי על פי התורה ויתגלגלו
רחמיו עליהם וישכיל וידע כי כרוב עם הדרת מלך
אוכלוסיו ושרי מלחמותיו המגינים עליו ועם יכשל עוד
ונפל עזור וכח אין לו לעמוד לפני אויב ועל כן בדֵא
מלכו את הצחוק הזה כדי שיהנה ממנו המלך עצה

ותושיה כי כאשר בצחוק הזה המצחק ראוי לשים מגמתו
לשמור ולהגין בעד העם ולא יפקד מהם איש כי הם
עמוד אשר בית הנצחון תלוי עליו ואם ימותו אנשיו
ישאר הוא לבדו והיה כל מוצאו יהרגהו ועל כן קרא
שם הצחוק הזה שֶׁטְרַנְג כי בלשון פרסי רוצה לומר צער
המלך או תוֹכֵחָה למלך כאשר אבאר אליך ׃

יש מיחסים הצחוק הזה לכליון אחד משבעה חכמי יון
ויש לאחרים ואין מכריע ואין ספק כי מימי קדם קדמתה
כי כן בא זכרונו בספרים קדמונים והיותר נראה בעיני
כי בני פרס המציאוהו יען כי בכל מקומות אשר הגיע
אליהם דבר זה הצחוק משתמשים בו בלשון פרסיים זה
הוא אשר מצאתי על ענין מציאותו ׃

להצחוק הזה יש שמות וכנוים הרבה וכן לפי לשונות
ובטוי הנעת האומות והגויים אשר הגיע עליהם זה הצחוק׃
יש קורין אותו שֶׁטְרַנְג והוא לשון פרסי כי כאשר אמרנו
למעלה ענינו צער או תוכחת המלך ולפי דעת אחרים
שֶׁשְׁדַרַנְג רוצה לומר שש מינים ורומז לששה הדברים
כלולים בזה הצחוק ׃ המלך ׳ והמלכה ׳ הפיל ׳ הפרש ׳
הרות ׳ והרגל ׳ יש שקורין אותו שק אִסְקָקִי וְאִשְׁחֲקִי
יהם כולם מלות מושחתות מן שָׁה כי בלשון פרסי הוא
המלך ׳

עתה באתי לבאר לפניך צורת הלוח אשר מצחקים
עליו ׃ תבנה לוח ארז רבוע יהיה כארכו כן רחבו ועליו
תציר תוכן לבנים מרובעים ויהיו לבתים שמונה על שמונה
ותהי הלבנה לאבן משכית אחת אדומה ואחת שחורה

וְגַּוֶן שׁוֹנֶה לְהַבְדִּיל בֵּינוֹתָם זֹאת תִּהְיֶה צוּרַת הַלּוּחַ
לוּחַ אֶרֶז אַף כִּי מְלָכִים וְשָׂרִים זָהָב לָהֶם הָיוּ עוֹשִׂים אוֹתוֹ
מִן כָּל עֵץ יָקָר וְנֶחְמָד לְמַרְאֶה וּמֵאֲבָנִים טוֹבוֹת אִישׁ
מֵאֲשֶׁר תַּשִּׂיג יָדוֹ ·

וְאֵלֶּה שְׁמוֹת חֶלְקֵי הַצַּחוֹק הַזֶּה וְתָאֳרֵיהֶם כְּפִי מַדְרֵגוֹתָם
וּמַעֲלוֹתֵיהֶם , הַמֶּלֶךְ הָרִאשׁוֹן בְּמַעֲלָה וּגְדֻלָּה וּבִלְשׁוֹן
פַּרְסִי מְכוּנֶּה שָׁה וְעַל שְׁמוֹ נִקְרָא הַצַּחוֹק שָׁה דֶּרֶךְ עִלּוּי
וְשֶׁבַח ·

וְהַשֵּׁנִי לוֹ הִיא הַמַּלְכָּה גְּבֶרֶת מַמְלָכוֹת וְהִיא הַנִּקְרֵאת
בִּלְשׁוֹן פַּרְסִי פֶּרְזָאן · וְיֵשׁ אוֹמְרִים כִּי הַנָּחַת זֶה הַשֵּׁם מוֹרֶה
מִשְׁנֶה לַמֶּלֶךְ כִּי אֵין מַדְרִכֵי הַמַּלְכוּת לָצֵאת לַמִּלְחָמָה
וְהוּא יוֹשֵׁב רִאשׁוֹנָה בַּמַּלְכוּת וְנוֹתְנִים עָלָיו הוֹד מַלְכוּת
וְכָל אֶחָד מֵאֵלּוּ הַשְּׁנַיִם יֵשׁ לָהֶם שְׁלוֹשָׁה שָׂרִים נִכְבָּדִים
מוּכָנִים לְשָׁרְתָם בְּעֵצָה וּגְבוּרָה לַמִּלְחָמָה , שֵׁם הָרִאשׁוֹן
בִּלְשׁוֹן פַּרְסִי פִּיל , וּכְמוֹ כֵן בִּלְשׁוֹן חֲכָמֵנוּ נִקְרָא גַּם כֵּן
פִּיל וִידוּעַ כִּי בְּנֵי קֶדֶם מִשְׁתַּמְּשִׁים בְּפִילִים לִבְנוֹת עֲלֵיהֶם
מִבְצָר כְּשֶׁהָיוּ הוֹלְכִים לַמִּלְחָמָה וְאוּלַי יִרְצֶה בּוֹ הַשָּׂר
הַמְמוּנֶּה עַל הַפִּילִים · וְהַשֵּׁנִי לוֹ הוּא בְּשֵׁם פָּרָשׁ וְהוּא
הַשָּׂר אֲשֶׁר רֹאשׁ הַפָּרָשִׁים רוֹכְבֵי סוּסִים ·

וְהַשְּׁלִישִׁי הוּא הַנִּקְרָא רוֹק אוֹ רוּחַ בִּלְשׁוֹן פַּרְסִי וְיֵשׁ
מַחֲלוֹקֶת בְּפֵירוּשׁ זֶה הַשֵּׁם , יֵשׁ אוֹמְרִים כִּי הוּא שֵׁם עוֹף
גָּדוֹל עַד מְאֹד וְנִקְרָא גַּם כֵּן אַלְעֶנְקָא אֲחֵרִים מְפָרְשִׁים
מִגְדָּל עֹז וְחֹזֶק , וְכָל אֶחָד מֵאֵלּוּ הַשָּׂרִים נִקְרָאִים בְּשֵׁם
הַמֶּלֶךְ אִי הַמַּלְכָּה וְיֵשׁ לָהֶם אִישׁ אֶחָד רַגְלִי עוֹמֵד לִפְנֵיהֶם
נִקְרָא רֶגֶל ·

ואם באתי לפרש אליך דמות תבנית צורות כל חלקי
הצחוק הזה יכלה הזמן והמה לא יכלו כי אם כל אחד
הולך אחרי יצר מחשבות לבו ולב בני עירו ובצחוק הזה
תעשה שתים מערכות שונות זו מזו לא ראי זה כראי זה
אחד שחור ואחד אדום כעין הבתים ·
הנה באדתי לך תבנית תכנית הלוח אשר בשדה הארץ
יחשב וכל חית עדת אבירים ישחקו שם ונחלק השדה
לשמונה על שמונת טורי בתים אחד אדום ואחד שחור ·
תכין לך הלוח בדרך אשר בית הראשון מן הטור הראשון
לצד ימינך יהיה אדום ואז תקח את מלך אדום והעמדת
אותו על כסא מלכותו בבית הרביעי שהוא שחור ואת
המלכה תושיב בבית החמשי והוא אדום ואת הכלל הזה
תקח בידך כי לעולם המלכה יושבת בבית ממין גונה
ופיל המלך בצד מלכו תשים בבית השלישי ופיל המלכה
סמוך לה בבית הששי ומעמד פרש המלך בבית השני
יהיה ושל המלכה בבית השביעי ויצא הרוח ויעמוד ואצל
כל פנה יארוב בבית הראשון והשמיני, ושמונה איש רגלי
יעמדו יחדיו על הטור השני כל אחד לפני אדוניו לשרתם
ולהלחם מלחמותם , ובסדר הזה יערוך בעל מלחמתך
את אנשי צבאו מקצהו ויערכו מערכה לקראת מערכה
קרב אחד מקצה מזה וקרב אחד מקצה מזה : ואלה
מסעיהם למוצאיהם על פי חוקי הצחוק הזה ותורותיו
כדת פרס ומדי ולא יעבור איש ולא ישנה את תפקידו
לפקודתם בעבודתם ויהי בנסעם מקדם הרגל הולכת
ראשונה ורגליהם רגל ישרה בית אחת לעומתן לא

תשובנה בלכתן אף כי בתחלה יש להן רשות ללכת שתי
כתים ואם לשלול שלל ולבוז בז כונתן כיורה חצים צרה
יורה מימינם ומשמאלם: הרוח הולך במעגלי יושר אל
כל אשר יהיה חפץ הרוח ללכת ילך אך אין דבר יהיה
חוצץ בין המקום אשר היא שם למקום אשר יבוא שמה:
וְהַפָּרָש מעלה על מרכבה מרקדה מדלג ומפסיע פנים
ואחור על ראשי האנשים אנשי המלחמה ומקפץ על טור
אחד והולך לטור האחד לבית אשר נגדו והופך לימין
או לשמאל ויושב בבית הסמוך לו משונה בצבע מן הבית
אשר יצא משם: והפיל מפיל אימה והולך לכל צד שירצה
באלכסון אם לא יהיה טעם מפסיק בינו למקום אשר
ילך אליו ואינו מְשַנֶה צבע לעולם אך ורק המלכה כי
עליה מוטלת שמירת אדוניה הולכת בבוחה בכל אֲחַרַת
נפשה והליכות כולם לה מלבד אשר לא תשנה את צבע
ביתה בדרך הפרש ואינה מקפצת: המלך יושב על כסא
מלכותו ואינו צועד כי אם מביא לבית ואינו יוצא מפתח
ביתו בכל עת רק אם השעה צריכה לכך ואם אחד מן
העם במסעו לפי דתי המלחמה הזאת יגיע אל מקום
אויבו אז יש לו כח לגרשו ממושבו ולשבת תחתיו או אם
אחד מן אנשיו יהיה בדוחק ובצער ובלכתו יכול לבא אל
בית אחר להיות סמוך לו לעזור לו ולהציל לו מרעתו
אל ימנע טוב מבעליו אך אל יבהל ברוחו לבעוס נגד
אויבו השמר פן ואך אם הכה אותו יפתח לו את הדרך
והאורב יקום ממקומו ורעה לו מכל הרעה אבן איש חכם
הוא הרואה את הנולד וכל מעגלותיו מפלם ושוקל בפלם

חשיבות ומדרגת כל השרים ומי ומי הקודם לחברו לעזור
ולהועיל ולא תאבד נפש אחד מהם זאת ואין צריך לומר
עוד כי המלך גדול מכולם ויש לו כח להציל ולעזור את
עמו אבל אין שריו ועבדיו מניחים אותו לצאת כי הוא
כמוהם עשרה אלפים ובמותו יקח חבל המלך אויבו ויהיה
קץ המלחמ׳ ומן האנשים אשר הלבו עמו למלחמה המלכה
קודמה לכל אדם כי דרכיה דרכי נועם ויש לה כח וגבורה
לעשות חיל יותר מכל השרים אשר אַתָּה : ואחריה יצא
הרוח כי לו יד ושם על הגבורים ושולח עזרו מארבע
רוחות המחנה לשמור את אנשיו ולהשמיד ולהרוג באויביו :
הפיל חשוב במעלה ושבח על הפרש אך אמנם לפי
שהפיל הולך באלכסן על בתי צבע אחד ואינו יכול
ללכת אנה ואנה ואין לו דרכים כמו הפרש לעזור למלך
על האויב חסים על הפרש יותר מהפיל .

גם לרבות את הדגל איש רגלי אשר אם בכוחו וגבורתו
פנה דרך פניו ויטע אהלו בטור האחרון אשר המלך
אויבו ושריו חונים עליו אז אדוניו ימליכהו תחת המלכה
אך אם עוד בחיים חַיָתָה יהיה לראש ולשר צבא תחת
אחר הנהרג במלחמה והיה שכרו : אנשי הצבא הורגים
בבל שונאיהם רק אל המלך אף כי בעל מלחמתם אין
באים עליו בפתע פתאום אלא חולקים לו כבוד כי כאשר
המלך נדחף לצאת מפני לוחציו ודוחקיו אומרים לו שה
כלומר המלך השמר לך ושמור נפשך מאוד ואף כי אין
מדרכו לצאת וללכת כי אם מבית לבית יכול בשערת
הדחק אם המקום פנוי בני ובין רוחו או רוח המלכה

ללכת אל בית אחד מהם והרוח יעמוד סמוך לו לחומת
נחושת בצורה ואם בכל אלה לא יוכל להמלט מידם כי
השיגו אויבו עד אפס מקום למלך לנטות ימין ושמאל
מהרים בו התראה אחר התראה באמרם אליו שֶׁהֵמָרֵת
רוצה לומר המלך מת או המלך מוכה בשגעון והמהון
לבב וקרוב הוא למיתה כי קל מהרה יבוא אידו · ולמנציח
היקר והכבוד כי גבר על אויביו ·

ת ו ש ל ב ע